lic.iur. Thomas Oberle · Nebenkosten – Heizkosten

lic.iur. Thomas Oberle

Nebenkosten Heizkosten

HEV
Hauseigentümerverband Schweiz

ISBN 3-909363-02-4

© Hauseigentümerverband Schweiz
2. Auflage, Zürich, 2001
Satz und Druck: Zollikofer AG, St.Gallen

Vorwort zur 1. Auflage

Der Mietzins ist das Entgelt, das der Mieter für die Überlassung einer Sache schuldet. Mit der Bezahlung des Mietzinses sind im Prinzip sämtliche vom Vermieter erbrachte Leistungen abgegolten. In der Praxis ist es allerdings üblich, dass dem Mieter eine ganze Reihe von Nebenkosten neben dem Nettomietzins separat in Rechnung gestellt werden.

Da die Nebenkosten erfahrungsgemäss starken preislichen Schwankungen unterliegen, ist eine mietvertragliche Ausscheidung der wichtigeren Nebenkosten zu empfehlen. Die sorgfältige Ausscheidung von Nebenkosten, nebst einer exakten Mietzinsgestaltung, ist unerlässlich, will der Vermieter zukünftige finanzielle Nachteile vermeiden.

Es ist mir ein besonderes Anliegen, Erich Blöchliger, eidg. dipl. Immobilien-Treuhänder, Einsiedeln, und lic.iur. Christian Kummerer, Advokat, Basel, für die Durchsicht des Manuskriptes und die daraus resultierenden wertvollen Anregungen und Präzisierungen zu danken. Mein Dank gilt ferner Frau Nina Becher für die sorgfältige Korrekturdurchsicht des Manuskriptes.

Winterthur, im Mai 1995   *lic.iur. Thomas Oberle*

Vorwort zur 2. Auflage

Seit der ersten im Jahre 1995 erschienenen Ausgabe sind in verschiedenen Bereichen Änderungen (z.B. bei der die Nebenkosten betreffenden Revision der Mietrechtsverordnung vom 1. August 1996, bei der verbrauchsabhängigen Heizkostenabrechnung, bei den Vorschriften über die Tankrevision) zu verzeichnen. Ferner hat das Bundesgericht mehrere die Nebenkosten betreffende Entscheide gefällt. Dies rechtfertigt es, eine zweite, überarbeitete Fassung zu publizieren.

Auch im Bereich der Nebenkosten ist die im Mietrecht bekannte Tendenz zur Komplizierung unverkennbar. Der Hinweis im Vorwort zur letzten Ausgabe, dass eine sorgfältige Ausscheidung von Nebenkosten unerlässlich sei, wenn der Vermieter zukünftige finanzielle Nachteile vermeiden wolle, ist daher nach wie vor aktuell. Der Hinweis lässt sich nicht nur auf die Mietvertragsgestaltung beschränken, sondern gilt ebenso für die Einführung einer Betriebskostenabrechnung in einem laufenden Mietverhältnis sowie für die Erstellung der Nebenkostenabrechnung.

Wiederum möchte ich Frau Nina Becher für die sorgfältige Korrekturdurchsicht des Manuskriptes danken.

Winterthur, im Mai 2001   *lic.iur. Thomas Oberle*

Inhalt

	Verzeichnis der Abkürzungen	13

1. Teil
Nebenkosten im Allgemeinen   15

1	**Einleitung**		16
2	**Definition**		17
3	**Nebenkostenarten**		20
3.1	Nebenkostenfähige Aufwendungen		20
3.1.1	Die Hauswartungskosten		20
3.1.1.1	Berechnung der Hauswartsentschädigung		21
3.1.1.2	Entlöhnung des Hauswarts über den Mietzins		23
3.1.2	Kehrichtabfuhrgebühren und Einführung der Sackgebühr		24
3.1.3	Gartenpflege		25
3.1.3.1	Garten		26
3.1.3.2	Spielplatz		27
3.1.3.3	Umgebungspflege		28
3.1.4	Ungezieferbekämpfung		28
3.1.5	Serviceverträge		28
3.1.6	Kosten des Liftbetriebs		29
3.1.7	Allgemeinstrom		30
3.1.8	Mangelhafte Erfüllung der Nebenpflichten		30
3.2	Nicht nebenkostenfähige Aufwendungen		31
3.2.1	Kosten für Reparatur und Erneuerung von Anlagen		31
3.2.2	Unterschied zwischen den Kosten für den «kleinen» Unterhalt und Nebenkosten		31
3.2.3	Öffentliche Abgaben und Lasten		32
4	**Ausscheidung im Mietvertrag**		34
4.1	Grundsatz		34
4.2	Konkludent vereinbarte Nebenkosten		37
4.3	Nebenkosten in bereits abgeschlossenen Mietverträgen		38

5	**Zahlungsart**	39
5.1	Vier Systeme der Nebenkostenbelastung	39
5.2	Akontozahlungen	39
5.3	Pauschalzahlungen	42
5.4	Nebenkosten im Mietzins inbegriffen	42
5.5	Direktzahlung an Dritte	42
5.6	Vor- und Nachteile der verschiedenen Zahlungsarten	43
6	**Kostenaufteilung**	44
6.1	Kostenaufteilung gemäss tatsächlichen Kosten	44
6.2	Neutrale Kosten	44
6.3	Verbrauchsabhängige Kosten	45
6.4	Gemischte Mietverhältnisse	46
6.5	Leer stehende Wohn- und Geschäftsräume	46
7	**Einsichtsrecht des Mieters**	47
8	**Zeitpunkt der Nebenkostenabrechnung**	48
9	**Bestreitung der Nebenkostenabrechnung durch den Mieter**	49
10	**Änderungen der Nebenkostenregelung**	53
10.1	Verfahren	53
10.2	Ausscheidung neuer Nebenkosten	53
10.2.1	Installation des Kabelfernsehens	54
10.2.1.1	Die Kosten eines Kabelanschlusses	54
10.2.1.2	Kabelanschlusskosten als wertvermehrende Investition	54
10.2.1.3	Betriebs- und Urheberrechtsgebühren als neue Nebenkosten	57
10.3	Ausscheidung bisher im Mietzins inbegriffener Nebenkosten	57
10.4	Nebenkosten und Mehrwertsteuer (MWSt)	59
11	**Verrechnung des Verwaltungsaufwands**	61
12	**«Nebenkosten» im Stockwerkeigentum**	63
13	**«Nebenkosten» bei der Nutzniessung**	65
14	**«Nebenkosten» im Wohnrecht**	66

2. Teil
Heiz- und Warmwasserkosten im Besonderen   69

1	Einleitung	70
2	Heizen als Vermieterpflicht	70
2.1	Was ist angemessene Wärme?	71
2.2	Mangelnde Gebrauchstauglichkeit bei Übergabe des Mietobjektes	74
2.3	Mangelnde Gebrauchstauglichkeit nach Übergabe des Mietobjektes	75
3	Regelung der Heiz- und Warmwasserkosten in der VMWG	78
4	Heiz- und Warmwasserkosten als Nebenkosten	79
5	Definition der Heiz- und Warmwasserkosten	80
6	Andere Zahlungsart	82
7	Die Höhe monatlicher Akontozahlungen	82
8	Fixe und variable Heiz- und Warmwasserkosten	83
9	Die Heizkosten im Einzelnen	83
9.1	Brennstoffe	83
9.2	Elektrizität zum Betrieb von Brennern und Pumpen	84
9.2.1	Bei Heizungsanlagen	84
9.2.2	Bei kombinierten Heizungs- und Warmwasseraufbereitungsanlagen	85
9.2.3	Bei Gasheizungen	85
9.2.4	Liegenschaften mit über 20 Wohnungen	85
9.3	Betriebskosten für Alternativenergien	85
9.4	Reinigung	85
9.5	Ölfeuerungskontrolle	86
9.6	Revisionen	86
9.6.1	Tankrevision	87
9.6.2	Brenner-Service	88
9.6.3	Revision der Leckwarngeräte	89

9.6.4	Revision des Wärmeverteilsystems und der Thermostat-Radiatorventile	89
9.6.5	Revision der Warmwasseraufbereitungsanlage	89
9.7	Verbrauchserfassung und Abrechnungsservice für die verbrauchsabhängige Heizkostenabrechnung sowie den Geräteservice	90
9.8	Wartung	90
9.9	Versicherungsprämien	91
9.10	Verwaltungsarbeit, die mit dem Betrieb der Heizungsanlage zusammenhängt	91
9.11	Lagerhaltung von Brennstoffvorräten	93
9.12	Zins für Vorleistungen	93
9.13	Weitere Heizkosten	93
10	**Gutschriften sind dem Mieter weiterzugeben**	**94**
10.1	Rabatte	94
10.2	Skonti	94
10.3	Gutschrift bei Bauaustrocknung	95
10.4	Gutschrift für die Beheizung leer stehender Räume	96
11	**Nicht anrechenbare Heiz- und Warmwasserkosten**	**96**
12	**Die Abrechnung der Heiz- und Warmwasserkosten**	**97**
12.1	Bei Akontozahlungen zwingend	97
12.2	Detaillierte Abrechnung nicht notwendig, aber empfehlenswert	97
12.3	Detaillierte Abrechnung als Normalfall	98
12.4	Vereinfachte Darstellung der detaillierten Abrechnung als Sonderfall	99
12.5	Zeitpunkt der Abrechnung	99
13	**Die Verteilung der Heiz- und Warmwasserkosten**	**102**
13.1	Verteilungsgrundsatz	102
13.2	Verteilschlüssel	102
13.3	Heizgradtage	103
13.4	Warmwasserkostenverteilung	105
13.5	Verteilung bei Mieterwechsel	106
13.6	Leer stehende Räume	110
13.7	Reduzierte Heizkosten für Garagen und Abstellplätze	110

14	**Abrechnungsbeispiele**	112
14.1	Einfacher Sachverhalt	112
14.1.1	Formularvorderseite	112
14.1.2	Formularrückseite (Heizung ohne kombinierte Warmwasseraufbereitungsanlage)	114
14.1.3	Formularrückseite (Heizung mit kombinierter Warmwasseraufbereitungsanlage)	116
14.2	Kompliziertere Sachverhalte	118
14.2.1	Leer stehende Wohnung	118
14.2.2	Stockwerkeigentums-Siedlung mit unverkauften Wohnungen	119
15	**Die Heizkosten-Schlussabrechnung**	120
16	**Die verbrauchsabhängige Heizkostenabrechnung (VHKA)**	122
16.1	Die rechtlichen Grundlagen der VHKA	122
16.1.1	Rechtliche Grundlagen des Bundes	122
16.1.2	Rechtliche Grundlagen der Kantone	122
16.2	Welche Gebäudeeigentümer unterstehen der VHKA?	125
16.3	Projektierung und Realisierung der VHKA	125
16.4	Übersicht über die Grundzüge der VHKA	125
16.4.1	Installation der Wärmegeräte als wertvermehrende Investition	126
16.4.2	Überwälzung der Betriebskosten in der Heizkostenabrechnung	126
16.4.3	Notwendigkeit einer Grobanalyse bei Altbauten	127
16.4.4	Jahresservice	128
16.4.5	Berücksichtigung von Wohnungslage und Zwangswärmekonsum	128
16.4.5.1	Lageausgleich	128
16.4.5.2	Zwangswärmekonsum	129
16.4.5.3	Wärmediebstahl	129
16.4.6	Die zur Verbrauchserfassung notwendigen Geräte	130
16.4.6.1	Wärmezähler	130
16.4.6.2	Heizkostenverteiler	131
16.4.6.3	Warmwasserzähler	131
16.4.7	Ablesung und Wartung der Geräte	131
16.4.8	Verteilung der Kosten	131
16.5	Ziele der verbrauchsabhängigen Heizkostenabrechnung	132
16.6	Kritische Anmerkungen zur VHKA	133

17	**Neue Heizungsanlage bzw. Heizungsmodernisierung**	135
17.1	Blosse Ersatzinvestition oder wertvermehrende Investition?	135
17.2	Luftreinhalteverordnung des Bundes (LRV 92)	136
17.3	Heizungssanierung als Erneuerung bzw. Änderung am Mietobjekt	137
17.4	Information der Mieter	138
17.5	Beispiel des Mietzinsaufschlages bei einer Heizungsmodernisierung	139
17.6	Überwälzungssätze bei Einzelinvestitionen bei Heizung, Wärmemessung und -verteilung	140
17.7	Mietzinserhöhungsverfahren gemäss Art. 269d OR	141
	Literaturverzeichnis	143
	Anhang	145
	A. Energiefachstellen der Kantone	146
	B. Beispiel einer verbrauchsabhängigen Heizkostenabrechnung aus der Praxis	151
	C. Geschäftsstellen des Hauseigentümerverbandes Schweiz	157
	Stichwortregister	159

Verzeichnis der Abkürzungen

a.a.O.	am angegebenen Ort
Abs.	Absatz
Art.	Artikel
BGE	Amtliche Sammlung der Entscheidungen des Schweizerischen Bundesgerichtes
Botschaft	Botschaft des Bundesrates zur Revision des Miet- und Pachtrechts vom 27. März 1985 [Bundesblatt 1985 I, S. 1389 ff.]
BMM	Bundesbeschluss über Massnahmen gegen Missbräuche im Mietrecht vom 30. Juni 1972
bzw.	beziehungsweise
E.	Erwägung
ENB	Energienutzungsbeschluss des Bundes vom 14. Dezember 1990
etc.	et cetera
f./ff.	folgend/fortfolgend
gl.M.	gleicher Meinung
i.V.m.	in Verbindung mit
lit.	litera (= Buchstabe)
LRV 92	Luftreinhalte-Verordnung des Bundes vom 1. Februar 1992
m.E.	meines Erachtens
Mit. BWO	Mitteilungen des Bundesamtes für Wohnungswesen zum Mietrecht, Auszüge aus Gerichtsentscheiden
mp	Mietrechtspraxis, Zeitschrift für Schweizerisches Mietrecht
MRA	MietRecht Aktuell
N	Note
Nr.	Nummer
OR	Bundesgesetz über das Obligationenrecht vom 30. März 1911/18. Dezember 1936
S.	Seite
StGB	Schweizerisches Strafgesetzbuch vom 21. Dezember 1937
SchKG	Bundesgesetz über Schuldbetreibung und Konkurs vom 11. April 1889
vgl.	vergleiche
VHKA	verbrauchsabhängige Heizkostenabrechnung
VMM	Verordnung über Massnahmen gegen Missbräuche im Mietwesen vom 10. Juli 1972
VMWG	Verordnung über die Miete und Pacht von Wohn- und Geschäftsräumen vom 9. Mai 1990

WM	Wohnwirtschaft und Mietrecht
z.B.	zum Beispiel
ZGB	Schweizerisches Zivilgesetzbuch vom 10. Dezember 1907
Ziff.	Ziffer
ZR	Blätter für Zürcherische Rechtsprechung

1. Teil Nebenkosten im Allgemeinen

I Einleitung

Die Vermietung umfasst neben der Überlassung von Wohn- und Geschäftsräumen zum Gebrauch auch die Gewährleistung der notwendigen Infrastruktur (Heizung, Wasser, Strom, Hauswartung, Gartenpflege, Umgebungsarbeiten etc.). Die Kosten hierfür werden dem Mieter des öfteren teilweise separat in Rechnung gestellt. Diesfalls wird von Nebenkosten gesprochen. Im 2. Teil des Buches werden die Heiz- und Warmwasserkosten ihrer besonderen Bedeutung wegen ausführlich behandelt. Bei der Mietrechtsrevision hat sich der Gesetzgeber für die Aufnahme einer Mietzinsdefinition in das neue Mietrecht entschieden. Der Mietzins ist demnach das Entgelt, das der Mieter dem Vermieter für die Überlassung der Sache schuldet (Art. 257 OR). Art. 257 OR lehnt sich an die frühere Missbrauchsgesetzgebung an und verdeutlicht, dass mit der Bezahlung des Mietzinses im Prinzip sämtliche Leistungen des Vermieters abgegolten sind[1]. Dies hat zur Folge, dass auch die Nebenkosten ohne anderslautende Vereinbarung als im Mietzins inbegriffen gelten (Art. 257a Abs. 2 OR). Das geltende Mietrecht legt demnach das Hauptgewicht nicht auf die Nebenkosten, sondern auf den Mietzins als Gegenleistung für sämtliche Leistungen des Vermieters.

Trotzdem kommt der Regelung der Nebenkosten in der Vermietungspraxis eine wesentliche Bedeutung zu. Nebenkosten stellen einen wichtigen Bestandteil des Mietvertrages dar. Eine exakte Mietzinskalkulation und eine sorgfältige Ausscheidung der wichtigeren Nebenkosten im Mietvertrag sind unerlässlich, will der Vermieter zukünftige finanzielle Nachteile und den damit verbundenen Verdruss vermeiden. Bestehen bei der Abfassung von Mietverträgen Unklarheiten, sollte stets die Beratung der örtlichen Hauseigentümerverbände in Anspruch genommen werden.

1 vgl. Botschaft, BBl 1985 I, S. 1425

2 Definition

Das seit dem 1. Juli 1990 geltende revidierte Mietrecht geht grundsätzlich davon aus, dass die dem Vermieter anfallenden Nebenkosten durch den Mietzins abgedeckt werden (Art. 257 OR). Nebenkosten sind ein Teil des Mietzinses. Deshalb bedarf es zur Ausscheidung von nebst dem Nettomietzins zu bezahlenden Nebenkosten stets einer besonderen Vereinbarung (Art. 257a Abs. 2 OR)[2]. In Art. 257a Abs. 1 OR werden die Nebenkosten wie folgt definiert:

> Die Nebenkosten sind das Entgelt für die Leistungen des Vermieters oder eines Dritten, die mit dem Gebrauch der Sache zusammenhängen.

Die vorgenannte Bestimmung wird in Art. 257b Abs. 1 OR folgendermassen konkretisiert:

> Bei Wohn- und Geschäftsräumen sind die Nebenkosten die tatsächlichen Aufwendungen des Vermieters für Leistungen, die mit dem Gebrauch der Sache zusammenhängen, wie Heizungs-, Warmwasser- und ähnliche Betriebskosten, sowie für öffentliche Abgaben, die sich aus dem Gebrauch der Sache ergeben.

Dem Mieter können demgemäss im Mietvertrag die Kosten für diejenigen Aufwendungen des Vermieters, welche mit dem Gebrauch der Sache zusammenhängen oder sich daraus ergeben, separat belastet werden. Das geltende Mietrecht hält also ausdrücklich fest, dass Aufwendungen für Leistungen des Vermieters (oder eines Dritten) nur dann nebenkostenfähig sind, wenn sie mit dem Gebrauch der Sache zusammenhängen. Das alte Mietrecht kannte diese einschränkende Formulierung nicht[3]. Aus der Nichtübernahme der altrechtlichen Definition der Nebenkosten ins geltende Recht könnte abgeleitet werden, dass der betriebswirtschaftliche Begriff der Betriebskosten im geltenden Mietrecht nicht mit dem mietrechtlichen Begriff der ausscheidungsfähigen Nebenkosten identisch ist. Es widerspricht der Kostenmiete, zwischen Betriebskosten, die mit der Sache zusammenhängen, und solchen, die sich aus dem Gebrauch der Sache ergeben, zu unterscheiden. Es gibt keine logische Begründung für eine derartige Differenzierung. Es ist auch kein Schutzbedürfnis des Mieters ersichtlich, welches einer Ausscheidung aller betriebsnotwendigen Kosten als Nebenkosten entgegenstünde. Die separate Abrechnung dieser Kosten erfolgt nach dem tatsächlichen Aufwand, ist also nicht missbräuchlich. Die vom

---
2 vgl. 4
3 vgl. Art. 8 BMM und Art. 5 VMM

Bundesamt für Wohnungswesen publizierten «Empfehlungen für die Ausgestaltung von Mietverträgen nach dem Wohnbau- und Eigentumsförderungsgesetz (WEG)» bezeichnen Objektsteuern und Gebäudeversicherungsprämien immerhin ausdrücklich als mögliche Nebenkosten. Angesichts der zu formalistischen Entscheiden neigenden Gerichtspraxis riskiert der Vermieter allerdings, dass nicht mit der Definition von Art. 257b Abs. 1 OR im Einklang stehende, nach Inkrafttreten des neuen Mietrechts abgeschlossene Nebenkostenvereinbarungen von einem Richter als unwirksam erklärt werden könnten. Gebäudeversicherungsprämien und Objektsteuern fallen unabhängig von der Vermietung eines Mietobjektes an. Aus diesem Grunde ist von deren Ausscheidung als Nebenkosten bei der Vermietung von nicht subventionierten Wohn- und Geschäftsräumen abzuraten[4]. Dem Vermieter ist zu empfehlen, diese Kosten in den Mietzins einzukalkulieren[5].

Nebenkosten stellen ein Entgelt für Leistungen des Vermieters oder eines Dritten dar. Voraussetzung für die Belastung von Nebenkosten ist nach der Legaldefinition, dass der Vermieter die entsprechenden Leistungen effektiv erbracht hat und ihm die dem Mieter in Rechnung gestellten Kosten wirklich angefallen sind[6]. Unzulässig wäre es demzufolge, dem Mieter Nebenkosten für die Treppenhausreinigung aufzuerlegen, wenn die Mieter selber für die Treppenhausreinigung verantwortlich sind. Diesfalls entstehen dem Vermieter keine zusätzlichen Kosten. Verzichtet der Mieter dagegen aus subjektiven Gründen auf die Benutzung von allen Mietern zur Verfügung stehenden Einrichtungen, kommt er nicht um die Bezahlung vertraglich ausgeschiedener Nebenkosten herum. Der Mieter, der eine eigene Waschmaschine anschafft, muss allfällig im Mietvertrag ausgeschiedene Nebenkosten für ein Waschmaschinen-Serviceabonnement bezahlen. Entscheidend ist nur, dass er die gemeinsame Waschmaschine freiwillig nicht benützt.

Nebenkosten entstehen dem Vermieter aus der Erfüllung gesetzlicher oder zusätzlich vertraglich vereinbarter Nebenpflichten. Die entsprechenden Aufwendungen werden auch als Betriebskosten bezeichnet[7]. Betriebskosten werden erst mit deren separaten Verrechnung neben dem Nettomietzins zu Nebenkosten. Das Mietrecht scheint zwischen Betriebskosten, die mit dem Gebrauch der Sache zusammenhängen, und Betriebskosten, die mit der Existenz der Liegenschaft verknüpft sind, zu differenzie-

---
4 vgl. 3.2.3
5 vgl. 5.6
6 BGE 117 II 84; BGE 107 II 267
7 vgl. Raissig/Schwander, Massnahmen gegen Missbräuche im Mietwesen, 4. Auflage, Zürich 1984, S. 76

ren. Art. 257b Abs. 1 OR bezeichnet im Gegensatz zum alten Mietrecht bloss Betriebskosten, die mit dem Gebrauch der Sache zusammenhängen, als nebenkostenfähig[8]. Die zumeist vom Vermieter wahrgenommenen Nebenpflichten erhöhen den Komfort des Mietobjektes oder entlasten den Mieter von Reinigungs- und Umgebungsarbeiten (Gartenpflege, Schneeräumung, Treppenhausreinigung etc.). Alle Kosten, die auf den Unterhalt der Mietsache sowie auf Ersatzanschaffungen bzw. Erneuerungen zurückgehen, sind dagegen nicht nebenkostenfähig. Darunter fallen auch die Kosten für Amortisation und Verzinsung[9].

Zu beachten ist, dass gewisse Kosten – sogenannte Verbraucherkosten –, direkt beim Mieter anfallen. Diese werden vom Mieter ausschliesslich zum eigenen Gebrauch verursacht und sind mithin grundsätzlich keine Nebenkosten im Sinne von Art. 257a OR[10]. Verbraucherkosten sind beispielsweise Telefongebühren, Fernseh- und Radiokonzessionsgebühren und die Kosten für den in der Mietlokalität verbrauchten elektrischen Strom. Diese Kosten sind selbstredend vom Mieter zu bezahlen, ohne dass im Mietvertrag eine Ausscheidung als Nebenkosten vorgenommen worden wäre[11]. Zumeist werden dem Mieter die entsprechenden Rechnungen von der Swisscom bzw. vom Elektrizitätswerk direkt an dessen Adresse zugestellt.

8 vgl. die vorstehenden Ausführungen und 3.2.3
9 BGE 117 II 84; Raissig/Schwander, a.a.O., S. 76
10 vgl. P. Higi, Zürcher Kommentar, Zürich 1994, N 9 zu Art. 257a–257b
11 vgl. SVIT-Kommentar zum schweizerischen Mietrecht, 2. Auflage, Zürich 1998, N 11 zu Art. 257–257b

3 Nebenkostenarten

3.1 Nebenkostenfähige Aufwendungen

Der Gesetzestext verzichtet auf eine Aufzählung aller möglichen Nebenkosten. Das Gesetz statuiert den Grundsatz, wonach es sich bei den Nebenkosten um die tatsächlichen Aufwendungen des Vermieters für Leistungen, die mit dem Gebrauch der Sache zusammenhängen, sowie für öffentliche Abgaben, die sich aus dem Gebrauch der Mietsache ergeben, handelt. Beispielhaft ist von den Heizungs-, Warmwasser- und ähnlichen Betriebskosten die Rede (Art. 257b Abs. 1 OR). Neben den im Gesetz namentlich angeführten Heizungs- und Warmwasserkosten sind folgende Nebenkostenarten am häufigsten anzutreffen:

- Treppenhausreinigung
- Hauswartung
- ARA-Gebühren (Abwassergebühren)
- Kehrichtabfuhrgebühren als Verbrauchergebühren
- Kehrichtgrundgebühr (in Gemeinden, die eine Sackgebühr kennen)
- Garten- und Umgebungspflege
- Kosten der Schneeräumung
- Schneeräumungsgebühren der Gemeinden für Privatstrassen
- Kabel-TV-Gebühren / Antennengebühren
- Allgemeinstrom (für die Beleuchtung gemeinschaftlicher Räume, für die Waschmaschine, für Ventilatoren etc.)
- Wasserzins
- Strom- und Wasserverbrauch der Waschmaschine
- Liftbetriebskosten
- Serviceabonnemente für Waschmaschinen, Tumbler, Lift, Klimatisierung, Alarmanlagen, Gegensprechanlagen etc.
- Schwimmbad (Beheizung und Service)
- Kanalisationsgebühren

Nebenkostenfähig sind im Allgemeinen die Kosten für die Leistungen des Vermieters oder Dritter, welche aus der Versorgung, der Entsorgung, der Reinigung und den übrigen gewöhnlichen Unterhaltsarbeiten (Art. 259 OR) entstehen[12].

3.1.1. Die Hauswartungskosten

Die Hauswartungskosten umfassen einerseits die Lohn- und Sozialversicherungskosten für den Hauswart, andererseits die Kosten für die An-

---

12 vgl. SVIT-Kommentar, N 12 zu Art. 257–257b

schaffung von Reinigungsgeräten wie Besen, Schrubber, Wischlappen etc. und Reinigungsmitteln. Zu den Reinigungsmitteln gehören auch Mittel für die Ungezieferbekämpfung im Treppenhaus und den übrigen allgemein zugänglichen Räumlichkeiten. Ferner fallen die Kosten für Unkrautvertilgungsmittel, Dünger und Streumittel (Salz, Splitt) zur Aufrechterhaltung der Begehbarkeit von Wegen und Treppen im Winter unter die Hauswartungskosten, sofern der Hauswart auch für die Garten- und Umgebungspflege zuständig ist.

3.1.1.1.1 Berechnung der Hauswartsentschädigung

Beim Hauseigentümerverband Schweiz ist ein Pflichtenheft für die Hauswartung erhältlich. Dieses kann als Hilfsmittel für die Erarbeitung des Pflichtenheftes eines Hauswartes im konkreten Einzelfall herangezogen werden. Das einmal erarbeitete Pflichtenheft bildet die Grundlage für die Entlöhnung. Die nachfolgend genannten Entschädigungsansätze können aus verschiedenen Gründen über- oder unterschritten werden. Der Zeitaufwand muss unter Berücksichtigung des konkreten Einzelfalls immer wieder neu bestimmt werden. Bei den angeführten Zahlen handelt es sich um blosse Schätzwerte.

	Zeitaufwand pro Monat
Reinigung Gebäude	
– Treppenhaus, Allgemeinräume pro Wohnung	ca. 1 Std.
– Sammelgaragen pro 10 Autoabstellplätze	ca. 1,5 Std.
– Gewerbliche Mietobjekte Büros, Praxen etc.	nach Aufwand
Umgebung	
– Garten pflegen	
– Rasen mähen	
– Laub entfernen	nach effektivem
– Hartplätze und Wege reinigen	Zeitaufwand
– Schnee räumen inkl. Salzen oder Sanden	
Unterhalt/Reparaturen	
– bei Neubauten (bis 10 Jahre) pro 10 Wohnungen	ca. 1 Std.
– bei Altbauten pro 10 Wohnungen	ca. 2 Std.
Heizungsbedienung	
– vollautomatische Anlage	ca. 1 Std.
– halbautomatische Anlage	ca. 2 Std.
Administration	
– pro 10 Wohnungen	ca. 1 Std.

Die marktübliche Entschädigung für den errechneten Zeitaufwand beträgt derzeit etwa 20 bis 25 Franken pro Arbeitsstunde.

Eine aufgrund vorstehender Anhaltspunkte ermittelte Hauswartsentschädigung kann aufgrund folgender Faustregeln überprüft werden:
- Der Hauswartlohn beträgt 30 bis 35 Franken pro Wohnung und Monat.
- Der Hauswartlohn beträgt ca. 3,5 Prozent der Nettomietzinseinnahmen pro Monat.

Diese Kontrolle ermöglicht allfällige Korrekturen der gemäss Zeitaufwand errechneten Entschädigung[13].

Ob ein vollamtlicher Hauswart angestellt werden soll oder ob ein nebenamtlicher Hauswart günstiger zu stehen kommt, hängt von der Höhe der zu berechnenden Entschädigung ab. Eine allfällige Gratifikation, Ferienvertretungen – der Hauswart hat Anspruch auf bezahlte Ferien –, Arbeitgeberbeitrag für AHV/IV/EO, Arbeitslosenversicherung und Pensionskasse sowie Betriebs- und Nichtbetriebsunfallversicherung sind dabei mitzuberücksichtigen. Es gilt zu beachten, dass vollamtliche Hauswarte in jedem Fall gemäss den Bestimmungen des Bundesgesetzes über die Unfallversicherung (UVG) obligatorisch gegen Betriebsunfälle zu versichern sind. Es sind sowohl Betriebs- als auch Nichtbetriebsunfälle versichert. Sofern ein nebenamtlicher Hauswart die Hauswartstätigkeit als Nebenerwerb ausübt und das diesbezügliche Entgelt Fr. 2000.– im Kalenderjahr nicht übersteigt, kann von der Beitragserhebung der AHV abgesehen werden. In solchen Fällen besteht auch keine obligatorische Versicherungspflicht gegen Betriebsunfälle. Nebenamtliche Hauswarte, die nicht mindestens acht Stunden pro Woche beim gleichen Arbeitgeber angestellt sind, sind gegen Nichtbetriebsunfälle nicht versichert. Für sie gelten Unfälle auf dem Arbeitsweg jedoch als Berufsunfälle. Die Prämien für die obligatorische Versicherung der Berufsunfälle sind vom Arbeitgeber, diejenigen für die Nichtbetriebsunfälle vom Hauswart zu bezahlen.

Gemäss Art. 324 Buchstaben a und b OR besteht eine gesetzliche Lohnfortzahlungspflicht des Arbeitgebers während einer beschränkten Zeit, wenn der Hauswart unverschuldet und aus subjektiven Gründen (Unfall, Krankheit, Ausübung eines öffentlichen Amtes etc.) an der Arbeitsleistung verhindert ist, sofern das Arbeitsverhältnis mehr als drei Monate gedauert hat oder für mehr als drei Monate abgeschlossen wurde. Der Arbeitgeber kann sich diesbezüglich durch den Abschluss einer Krankentaggeld-Versicherung absichern. Eine derartige Versicherung ist bei vollamtlichen Hauswarten zu empfehlen.

---

13 vgl. Blöchliger/Gratz/Kummerer, Handbuch der Liegenschaftsverwaltung, Zürich 1994, 9/5

Bei der Verrechnung von Hauswartungskosten an den Mieter ist es unzulässig, dem Hauswart bezahlte Entschädigungen für von diesem vorgenommene Instandhaltungsarbeiten zu berücksichtigen, weil diese von Gesetzes wegen dem Vermieter obliegen (Art. 256 Abs. 1 OR). Wenn der nebenamtliche Hauswart beispielsweise hauptberuflich ein Elektroinstallationsgeschäft betreibt, sind dem Geschäft des Hauswarts übertragene Arbeiten nicht nebenkostenfähige Hauswartskosten. Die Kosten für den Liegenschaftenunterhalt sind stets bei der Mietzinskalkulation zu berücksichtigen.

3.1.1.2 Entlöhnung des Hauswarts über den Mietzins

In der Praxis wird zum Teil dem Hauswart die ihm zustehende Entlöhnung ganz oder teilweise über einen reduzierten Mietzins abgegolten. Die Wohnung wird dem Hauswart als eigentliche Dienstwohnung zu einem reduzierten Mietzins vermietet. Will der Vermieter diesen Weg wählen, hat er folgenden rechtlichen Gegebenheiten besondere Aufmerksamkeit zu schenken, wobei die nachfolgend angetönten Schwierigkeiten es allerdings geboten erscheinen lassen, die Entlöhnung des Hauswarts nicht mit dessen Mietzins zu koppeln. Es ist empfehlenswert, mit dem Hauswart sowohl einen Mietvertrag als auch einen separaten Arbeitsvertrag, in welchem unter anderem der Betrag der Hauswartsentschädigung geregelt ist, abzuschliessen.

– Hinweis auf den besonderen Status der Wohnung im Mietvertrag
Der Vermieter sollte im Mietvertrag einen ausdrücklichen Hinweis anbringen, dass es sich bei der betreffenden Wohnung um eine Dienstwohnung für den jeweiligen Hauswart handelt. Wird ein entsprechender Hinweis unterlassen, können sich Probleme bei der Wohnungskündigung durch den Vermieter ergeben. Denkbar sind folgende Fälle: Der Hauswart kündigt seine Arbeitsstelle, nicht aber die Wohnung oder der Vermieter kündigt dem Hauswart die Arbeitsstelle, weil dieser die ihm obliegenden Pflichten nicht gehörig erfüllt. In beiden Fällen wird der Vermieter die Wohnung dem Nachfolger zur Verfügung stellen wollen. Der Vermieter kann die Wohnung unter Beachtung der mietrechtlichen Kündigungsfristen und -termine kündigen, riskiert aber ohne Hinweis auf den Status der Wohnung die Gutheissung einer allfälligen Kündigungsanfechtung bzw. die Gewährung einer längeren Erstreckungsdauer zugunsten des bisherigen Hauswarts.

– Hinweis auf den Lohnbestandteil
Der Vermieter ist verpflichtet, bei Hauswartslöhnen von mehr als 2000 Franken pro Kalenderjahr die entsprechenden Arbeitgeberbeiträge an die

AHV/IV/EO und ALV zu leisten. Das gleiche gilt für den Hauswart, der zudem seinen Lohnbestandteil als Einkommen versteuern muss. Ein klarer Hinweis auf den Lohnbestandteil erleichtert die administrativen Arbeiten und dient gleichzeitig der Vermeidung von möglichen Lohnstreitigkeiten mit dem Hauswart. Ferner kann der Vermieter den Lohnbestandteil nur dann der Mieterschaft in der Nebenkostenabrechnung als Teil der Hauswartungskosten belasten, wenn dieser klar und eindeutig bezifferbar ist. Dies ist vor allem in Liegenschaften mit unterschiedlichen Mietzinsen von Bedeutung. Belaufen sich in einer Liegenschaft mit beispielsweise zehn Wohnungen alle Mietzinse – derjenige der Hauswartswohnung ausgenommen – auf denselben Betrag, kann davon ausgegangen werden, dass der reduzierte Mietzins der Hauswartswohnung mit der Entlöhnung des Hauswarts zusammenhängt.

– Möglichkeit der Verrechnung des Hauswartslohns mit dem Mietzins
Überlässt der Vermieter dem Hauswart eine Dienstwohnung zu einem reduzierten Mietpreis, kann dies zu miet- und steuerrechtlichen Problemen führen. In mietrechtlicher Hinsicht kann ein reduzierter Mietzins bei Fehlen eines Vorbehaltes im Mietvertrag dem Vermieter die Anpassung des Mietzinses verbauen, sobald die Wohnung nicht mehr als Dienstwohnung bewohnt wird. Der Hauswart erreicht z.B. das Pensionsalter und möchte die Hauswartsstelle aufgeben. Der Vermieter möchte dem bisherigen Hauswart die Wohnung weiterhin überlassen, allerdings nicht mehr zum reduzierten Mietzins. Die Vermietung der Hauswartswohnung zu einem reduzierten Mietpreis birgt zudem die Gefahr in sich, dass der Hauswart es unterlässt, diesen Lohnbestandteil in der Steuererklärung als Einkommen anzuführen. Anstelle der Vereinbarung eines reduzierten Mietpreises ist aus diesen Gründen dem Vermieter zu empfehlen, mit dem Hauswart vertraglich die Verrechnung des Hauswartlohnes mit dem Mietzins zu vereinbaren.

3.1.2 Kehrichtabfuhrgebühren und Einführung der Sackgebühr

Auch nach Einführung der Sackgebühr darf der Vermieter die weiterhin anfallenden Kehrichtgrundgebühren entweder bei der Mietzinskalkulation berücksichtigen oder als mit dem Gebrauch der Mietsache zusammenhängende öffentliche Abgabe dem Mieter als Nebenkosten belasten. Die letztgenannte Möglichkeit setzt allerdings deren Ausscheidung als Nebenkosten im Mietvertrag voraus. Eine rechtsgenügende Ausscheidung liegt in allen Fällen vor, in denen die Bezahlung der Kehrichtabfuhrgebühren (Verbrauchergebühren) als Nebenkosten vereinbart worden ist.

Durch die Neubelastung des Mieters mit der Sackgebühr reduziert sich der dem Vermieter direkt in Rechnung gestellte Betrag. Der Vermieter hat nur noch für die Kehrichtgrundgebühren aufzukommen. Für den Vermieter stellt sich bei dieser Sachlage unter Umständen die Frage der Anpassung des Mietzinses bzw. der im Mietvertrag ausgeschiedenen Pauschalzahlungen des Mieters an die Kehrichtabfuhr. Sind Akontozahlungen vereinbart worden, wirken sich die reduzierten Kosten automatisch in der Nebenkostenabrechnung aus. In denjenigen Fällen, in denen die Kehrichtabfuhrgebühren im Mietzins inbegriffen sind, könnte der Mieter im Prinzip wegen Kostensenkungen zugunsten des Vermieters eine Mietzinsherabsetzung auf den nächstmöglichen Kündigungstermin verlangen (Art. 270a Abs. 1 OR).

In verschiedenen Gemeinden der Schweiz wird seit einigen Jahren Grüngut separat entsorgt. Die separate Entsorgung von Grüngut ermöglicht die Kompostierung organischer Abfälle, die später als Dünger wieder verwertet werden können. Nachdem die Grüngutabfuhr ursprünglich grundsätzlich kostenlos angeboten wurde, um einen Anreiz für die Ausscheidung organischer Abfälle zu geben, stellen heute immer mehr Gemeinden dem Hauseigentümer eine Gebühr in Rechnung. Entstehen dadurch einem Vermieter zusätzliche Kosten, kann er diese selbstverständlich als neue Nebenkosten auch in einem laufenden Mietverhältnis mittels einer einseitigen Vertragsänderung auf den Mieter überwälzen (Mietzinserhöhungsverfahren gemäss Art. 269d OR)[14]. Sind allerdings im Mietvertrag die Kosten für die Kehrichtabfuhrgebühren bereits als Nebenkosten ausgeschieden, können allfällige Kosten für die separate Entsorgung von Grüngut unter dieser Position dem Mieter belastet werden.

3.1.3 Gartenpflege

Die regelmässige Gartenpflege dient der Bewahrung des guten Gesamteindruckes der Mietliegenschaft. Die Kosten der Gartenpflege können als Nebenkosten im Mietvertrag ausgeschieden werden, und zwar unabhängig davon, ob der Garten den Mietern zur Benutzung zur Verfügung steht oder nicht. Die Möglichkeit der Benutzung kann kein Kriterium für die Nebenkostenfähigkeit der Gartenpflege sein, ist doch diese wie eingangs erwähnt aus optischen Gründen notwendig. Der gepflegte Eindruck der Mietliegenschaft als solcher stellt für den Mieter einen unmittelbaren Nutzen dar. Hinterlässt die Mietliegenschaft einen ungepflegten Eindruck, gilt dies in mietrechtlicher Hinsicht als Mangel, welcher – bei dessen Nichtbeseitigung durch den Vermieter – den Mieter sogar zu einer Mietzinsreduktion berechtigen könnte. Ist die Möglichkeit der Gartenbenutzung allerdings gegeben und ist diese ausschliesslich dem Vermieter, nur bestimmten Mietern oder einer Drittperson vorbehalten, dürfen die Kosten der Gartenpflege nur diesen entspre-

14 vgl. 10.1

chenden Personen auferlegt werden. Sind im Mietvertrag nur die Hauswartungskosten als Nebenkosten ausgeschieden, kann nur die vom Hauswart besorgte Garten- und Umgebungspflege dem Mieter belastet werden.

3.1.3.1 Garten

Unter Garten ist grundsätzlich der ebenerdige Garten zu verstehen. Die Kosten für die Pflege von Dachgärten sind dagegen m.E. nicht nebenkostenfähig. Dachgärten sind in der Regel weder von den Mietern benutzbar noch spielen sie für den optischen Gesamteindruck der Liegenschaft eine Rolle, weil sie zumeist von der Strasse aus nicht sichtbar sind. Auch andere Verschönerungsmassnahmen wie etwa das Aufstellen von Pflanzen im Treppenhaus sind nicht nebenkostenfähig. Derartige Kosten sind bei der Mietzinskalkulation zu berücksichtigen.

Zur Gartenpflege gehören das Rasenmähen, die Unkrautbeseitigung, das Schneiden von Bäumen, Sträuchern und Hecken sowie die Gartenreinigung (Laubentfernung). Auch das Fällen von Bäumen fällt unter die Gartenpflege, wenn dies in deren Rahmen erforderlich ist (Fällen eines kranken Baumes). Hingegen kann das Fällen von Bäumen aus nachbarrechtlichen Gründen nicht unter die Gartenpflege subsumiert werden, ebenso wenig das Fällen altersschwacher Bäume. Die Ersatzanschaffung von Bäumen und Sträuchern wie auch weitergehende Gartenerneuerungen sind nicht nebenkostenfähig – ausgenommen sind laufende Nachpflanzungen und die Nachsaat[15]. Wird beispielsweise ein Mietobjekt vermietet, dessen Garten sich im Zeitpunkt des Mietantrittes in einem denkbar schlechten Zustand befindet (z.B. Verwilderung nach längerer Vernachlässigung), kann der Vermieter nicht zulasten des neuen Mieters den Garten herrichten lassen, ebenso wenig könnte er diesen verpflichten, dies auf eigene Kosten vorzunehmen. Bei einem derartigen Fall handelt es sich denn auch nicht mehr um reine Gartenpflege, sondern um eigentlichen Gartenunterhalt, für den gemäss Art. 256 Abs. 1 OR der Vermieter aufzukommen hat.

Die Anschaffungskosten für Geräte (Rasenmäher etc.) können grundsätzlich nicht in der Nebenkostenabrechnung belastet werden. Dies gilt auch für Ersatzanschaffungen. Geräte sind bei der Mietzinskalkulation zu berücksichtigen. Ausgenommen davon sind Kleingeräte (z.B. Schaufeln, Besen, Recher etc.). Nebenkostenfähig sind zudem die laufenden Kosten für den Gerätebetrieb wie z.B. das Benzin für den Rasenmäher.

Bei der Vermietung eines Einfamilienhauses kann die Gartenpflege mittels einer Zusatzvereinbarung dem Mieter übertragen werden. Der Mieter ist

---

15 vgl. Urteil des Landgerichtes Hamburg vom 28. Oktober 1982 in Frank-Georg Pfeifer, Nebenkosten, 4. Auflage, Düsseldorf 1994, S. 32

diesfalls gehalten, den Garten auf eigene Kosten zu pflegen oder einen Gärtner damit zu beauftragen. Der Vermieter hat die Möglichkeit, dem Mieter die für die Gartenpflege notwendigen Geräte wie Rasenmäher, Motorsäge, Scheren, Rechen, Besen etc. zur Verfügung zu stellen. Die Anschaffungskosten und deren Amortisation sind diesfalls bei der Kalkulation des Mietzinses zu berücksichtigen. Der Vermieter ist zudem verpflichtet, die Kosten notwendiger Ersatzanschaffungen zu tragen. Stehen keine Geräte zur Verfügung, ist es Sache des Mieters, für deren Anschaffung besorgt zu sein oder die Gartenarbeiten fremd zu vergeben. Der Geräteunterhalt obliegt auf jeden Fall dem Mieter. Der Vermieter hat zu entscheiden, welche der beiden Möglichkeiten im Einzelfall sinnvoller ist. Die Gartenpflege des Einfamilienhauses umfasst dieselben Arbeiten wie die Gartenpflege eines Mehrfamilienhauses (Rasenmähen, Laubbeseitigung, Unkrautvertilgung, Schneiden von Bäumen, Hecken und Sträuchern etc.). Das Zurückschneiden von Ästen grosser Bäume gehört ebenfalls zur Gartenpflege. Zur Vornahme von Gartenerneuerungen ist der Mieter auch im Fall der Einfamilienhausmiete nicht verpflichtet. Der Mieter ist andererseits selbstverständlich auch nicht befugt, den Garten ohne entsprechende Zustimmung des Vermieters nach Lust und Laune umzugestalten. Er hat den Garten bei einem allfälligen Auszug in demselben Zustand zu hinterlassen, in dem er diesen übernommen hat. Beim Auszug des Mieters ist allerdings der Vermieter dafür beweispflichtig, dass dem Mieter der Garten in einwandfreiem Zustand übergeben wurde. Die früher im Mietrecht verankerte gesetzliche Vermutung, der Mieter habe das Mietobjekt in einem guten Zustand übernommen, wurde nicht ins revidierte Mietrecht übernommen. Nur wenn dieser Beweis erbracht werden kann, kann der Mieter verpflichtet werden, einen von ihm vernachlässigten Garten beim Auszug auf eigene Kosten instand zu setzen oder instand setzen zu lassen. Ein sorgfältig ausgefülltes Übernahmeprotokoll (für Haus und Garten) ist daher für den Vermieter unabdingbar.

3.1.3.2 Spielplatz

Nebenkostenfähig sind die Pflege- und Reinigungskosten für den Spielplatz sowie die Kosten für den Ersatz des Sandes (Verbrauchsmaterial) im Sandkasten. Dem Mieter können dagegen Spieleinrichtungen und andere Einrichtungen (z.B. Sitzbänke) sowie die Erstanschaffung des Sandes nicht in der Nebenkostenabrechnung belastet werden. Die Anlage eines neuen Spielplatzes mit den entsprechenden Einrichtungen während der Mietdauer stellt eine wertvermehrende Investition dar, die auf den Mietzins überwälzt werden kann.

3.1.3.3 Umgebungspflege

Die Umgebungspflege umfasst nebst Gärten und Spielplätzen auch Zufahrten und Zugänge sowie Plätze (z.B. Grillplatz). Nebenkostenfähig sind diesbezüglich sowohl Reinigungsarbeiten als auch die Schnee- und Eisräumung im Winter, nicht aber die Kosten für die Erneuerung und Reparatur von Wegen. Umgebungsarbeiten werden häufig vom Hauswart besorgt und können in diesen Fällen dem Mieter unter der Position «Hauswartung» belastet werden. Wird die Umgebungspflege allerdings nicht vom Hauswart besorgt, können damit verbundene Aufwendungen dem Mieter ausschliesslich unter der Position «Garten- und Umgebungspflege» verrechnet werden. Die Weiterverrechnung setzt die Ausscheidung der entsprechenden Position im Mietvertrag voraus.

3.1.4 Ungezieferbekämpfung

Der Mietvertrag der Vermieterorganisation des Kantons Tessin (CATEF) beispielsweise listet die Ungezieferbekämpfung als Nebenkosten auf. Eine vertragliche Ausscheidung der Kosten für die Ungezieferbekämpfung macht überall dort Sinn, wo dem Vermieter regelmässig derartige Kosten anfallen (z.B. Ameisenplage im Tessin, Mäuse- und Marderplage vor allem in ländlichen Gegenden). Da nur laufend entstehende Kosten zu den Betriebskosten gehören, können die Kosten einmaliger Ungezieferbekämpfungen nie als Nebenkosten dem Mieter belastet werden. Derartige Kosten stellen Unterhaltskosten dar und können dem Mieter nur im Rahmen des «kleinen» Unterhalts belastet werden, es sei denn, der Mieter habe nachweislich die Ungezieferplage verschuldet. In diesem Fall muss der betreffende Mieter für sämtliche mit der Ungezieferbekämpfung anfallenden Kosten aufkommen. Ein Indiz für ein mögliches Mieterverschulden kann in der Tatsache gesehen werden, dass nur eine einzelne Wohnung von der Plage befallen ist. Die Beweislast für ein allfälliges Mieterverschulden liegt beim Vermieter. Nebenkostenfähig sind mithin in erster Linie die Kosten prophylaktischer Massnahmen, die in einer gewissen Regelmässigkeit anfallen. Die Regelmässigkeit entsprechender Massnahmen liegt auch dann vor, wenn dazwischen jeweils ein Abstand von mehreren Jahren liegt.

3.1.5 Serviceverträge

Serviceverträge dienen der regelmässigen Wartung von Anlagen, Maschinen und Einrichtungen. Die Kosten für Serviceverträge dürfen im Mietvertrag als Nebenkosten ausgeschieden werden, insoweit der Servicevertrag der Wartung dient und nicht zusätzlich Reparaturen damit abgedeckt werden. Reparaturen sind nicht nebenkostenfähig (Art. 6 VMWG in Verbindung mit Art. 257b Abs. 1 OR). Kosten für Serviceverträge, die mit den Heiz- und Warmwasserkosten zusammenhängen, können in der Heiz- und Warmwasserkostenabrechnung berücksichtigt werden, vorausgesetzt, die Heiz- und Warmwasserkosten sind im Mietvertrag separat als Nebenkosten ausgeschieden worden. Die Kosten für Serviceverträge dürfen dem Mieter als Nebenkosten nur belastet werden, wenn die entsprechenden Verträge tatsächlich abgeschlossen und bezahlt werden.

Beispiele für Serviceverträge:
- Service von Personenlift und Warenaufzügen
- Service des elektronischen Garagentorantriebes
- Service von Klimaanlagen und Ventilatoren
- Service von Feuerlöschgeräten und Brandmeldeanlagen
- Service von Alarmanlagen
- Service von Gegensprechanlagen
- Service von Geschirrspülmaschinen
- Service von Waschmaschinen und Tumblern
- Service eines Gemeinschaftsschwimmbads
- Service des Brenners einer Heizungsanlage
- Service von Leckwarnanlagen

3.1.6 Kosten des Liftbetriebs

Zu den Liftkosten (Personen- und Lastenaufzüge) gehören die Kosten des Betriebsstroms, der Bedienung und Aufsicht des Liftes (z.B. Liftwart, Alarmsystem), der Wartung und Überwachung des Liftes sowie die Kosten für die periodisch notwendige Überprüfung der Liftanlage bezüglich Betriebsbereitschaft und -sicherheit. Letztere Kosten sowie die Wartungskosten werden in der Regel durch den Abschluss eines Serviceabonnements abgedeckt. Beim Abschluss von Serviceabonnementen, die auch Reparaturen umfassen, ist darauf zu achten, dass die Reparaturkosten dem Mieter zwingend nicht als Nebenkosten verrechnet werden dürfen. Weil eine Weiterbelastung von Reparaturkosten nicht zulässig ist, ist der Vermieter gehalten, den Reparaturkostenanteil im konkreten Einzelfall auszuscheiden. Ist im Mietvertrag nur das Serviceabonnement, also nicht die umfassendere Position «Liftbetrieb» ausgeschieden worden, können die Strom- und Bedienungskosten nicht unter dieser Position weiterverrechnet werden. Die Stromkosten können diesfalls unter der Position «Allgemeinstrom» – sofern im Mietvertrag ausgeschieden – verrechnet werden. Doppelbelastungen – unter der Position «Liftbetriebskosten» und «Allgemeinstrom» – sind selbstverständlich unzulässig.

3.1.7 Allgemeinstrom

Mit Allgemeinstrom ist der für die gemeinschaftlichen Anlagen und Räumlichkeiten (Treppenhaus, Keller, Estrich, Waschküche, Tiefgarage, Umgebung etc.) anfallende Stromverbrauch – im Gegensatz zum Stromverbrauch der einzelnen Wohnungen – gemeint. Nebst dem Stromverbrauch für die Beleuchtung der vorgenannten Anlagen und Räumlichkeiten fällt auch der Stromverbrauch von Waschmaschinen, Tumblern, Trocknungsgeräten etc. unter den allgemeinen Stromverbrauch. Hat der Mieter für die Benutzung der Waschmaschine separat zu bezahlen (z.b. Münzeinwurf, Chipkarte), so muss der Vermieter denjenigen Teil des Waschgeldes, der sich auf den Stromverbrauch der Waschmaschine bezieht, der Allgemeinstromrechnung gut schreiben, sofern der Allgemeinstrom mietvertraglich als Nebenkostenposition ausgeschieden ist.

Ist gemäss Mietvertrag den Mietern der Anschluss von Tiefkühlgeräten im Keller gestattet und wird deren Stromverbrauch über den Allgemeinstrom verrechnet, so darf der von den Tiefkühlgeräten verbrauchte Strom selbstverständlich nur deren Besitzern belastet werden. Dasselbe gilt für die Stromverbrauchskosten allgemeiner Räumlichkeiten, deren Benutzung nicht allen Mietern offen steht. Ohne entsprechende Bewilligung im Mietvertrag dürfen Tiefkühlgeräte nur in der Wohnung angeschlossen werden.

3.1.8 Mangelhafte Erfüllung der Nebenpflichten

Es kann vorkommen, dass die die Nebenkosten begründenden Nebenpflichten nicht oder nicht gehörig erfüllt werden. Der vom Vermieter angestellte Hauswart kommt beispielsweise seinen Reinigungspflichten nicht nach, mäht den Rasen der gemeinschaftlichen Gartenanlage nur einmal im Jahr oder unterlässt im Winter die ihm obliegenden Schneeräumungsarbeiten. In einem solchen Fall hat der Mieter dem Vermieter die mangelhafte Ausführung der Arbeiten zu melden. Dieser wiederum ist berechtigt und verpflichtet, arbeitsrechtliche Schritte gegen den fehlbaren Hauswart in die Wege zu leiten. Unterlässt der Vermieter dies oder bleibt die Arbeit des Hauswartes weiterhin mangelhaft, kann der Mieter allenfalls eine Herabsetzung der Hauswartungskosten verlangen. Anders als im vorstehenden Beispiel verhält sich die Situation, wenn die vom Vermieter in Rechnung gestellten Leistungen zwar nachweislich erbracht worden sind, aber die Gebrauchstauglichkeit der Mietsache trotzdem nicht gegeben ist. Wird zum Beispiel die als angemessen geltende Raumtemperatur von 20 Grad unterschritten, weil sich das Mietobjekt in einem schlechten baulichen Zustand befindet, kann der Mieter die Mängelrechte gemäss Art. 259a ff. OR geltend machen. Die tatsächlich angefallenen Nebenkosten hat er hingegen vollumfänglich zu bezahlen.

3.2 Nicht nebenkostenfähige Aufwendungen

3.2.1 Kosten für Reparatur und Erneuerung von Anlagen

Nicht nebenkostenfähig sind die Kosten für Reparatur und Erneuerung von Anlagen, ebenso wenig deren Verzinsung und Abschreibung. Der Vermieter ist von Gesetzes wegen verpflichtet, die Mietsache in einem zum vorausgesetzten Gebrauch tauglichen Zustand zu erhalten (Art. 256 Abs. 1 OR). Bei der in Art. 253 OR statuierten Gebrauchsüberlassung handelt es sich also nicht um eine durch einmaliges Handeln zu erfüllende Hauptleistungspflicht, sondern um eine dauernde Instandhaltungspflicht[16]. Die Ausscheidung von Kosten, die der gesetzlichen Definition der Nebenkosten widersprechen, ist unzulässig. Kosten können nach dieser Definition nur dann als Nebenkosten ausgeschieden werden, wenn sie effektiv mit dem Gebrauch der Mietsache in Zusammenhang stehen. Macht der Vermieter geltend, die Erneuerung einer Anlage stelle eine wertvermehrende Investition dar, hat er gegebenenfalls den Weg einer Mietzinserhöhung zu beschreiten, um den Mieter an den Mehrkosten zu beteiligen. Es ist unzulässig, wertvermehrende Investitionen über die Nebenkostenabrechnung zu belasten. Wird beispielsweise eine Waschmaschine repariert, so sind diese Kosten nicht nebenkostenfähig. Wird eine Waschmaschine ersetzt, so sind die Kosten für die Ersatzanschaffung ebenfalls nicht nebenkostenfähig, aber ein allfälliger Mehrwert kann mittels einer Mietzinserhöhung auf den Mieter überwälzt werden. Dies unter der Voraussetzung, dass die neue Waschmaschine für den Mieter eine tatsächliche Komfortsteigerung bedeutet.

Die Abgrenzung zwischen Reparaturen und reinen Wartungs- bzw. Kontrollarbeiten kann im Einzelfall schwierig sein. Oft werden denn auch bei Revisionsarbeiten nicht nebenkostenfähige Reparaturen ausgeführt. Dem Vermieter ist zu empfehlen, eine möglichst exakte Ausscheidung vorzunehmen, um dem Mieter keinen Grund für eine Anfechtung der Nebenkostenabrechnung zu geben. Denn ein Anfechtungsverfahren vor der Schlichtungsbehörde ist stets mit einem gewissen Zeitaufwand und mit Umtrieben verbunden.

3.2.2 Unterschied zwischen den Kosten für den «kleinen» Unterhalt und Nebenkosten

Der Mieter hat gemäss Art. 259 OR Mängel, die durch kleine, für den gewöhnlichen Unterhalt erforderliche Reinigungen oder Ausbesserungen behoben werden können, nach Ortsgebrauch auf eigene Kosten zu beseitigen.

---

16 vgl. SVIT-Kommentar, N 12 zu Art. 256

Bei den Kosten für den sogenannten «kleinen» Unterhalt handelt es sich nicht um Nebenkosten. Der Mieter hat für den «kleinen» Unterhalt im Rahmen des Ortsgebrauchs von Gesetzes wegen aufzukommen, ohne dass diesbezüglich im Mietvertrag eine besondere Bestimmung notwendig wäre. In der Literatur wird teilweise davon ausgegangen, dass die Kostengrenze kleiner Mängel bei maximal 150 Franken pro Reparatur liegt[17]. Angesichts der in letzter Zeit stark gestiegenen Unterhaltskosten ist m.E. eine Kostengrenze von 150 bis 200 Franken angemessen[18]. In erster Linie sind der Ortsgebrauch bzw. die in den Formularmietverträgen getroffenen Regelungen massgebend. Rechnungen für Ausbesserungen und Reinigungen, die den entsprechenden Rahmen nicht überschreiten, müssen somit vom Mieter bezahlt werden. Es spielt im Prinzip keine Rolle, wie häufig pro Jahr derartige Ausbesserungen anfallen. Grössere Rechnungsbeträge sind dagegen vom Vermieter zu begleichen, weil diesem gemäss Art. 256 OR der Unterhalt der Mietsache obliegt. Diese Lösung ist allerdings in all jenen Fällen problematisch, wo der Mieter kleine Ausbesserungen von Drittpersonen vornehmen lässt, was regelmässig mit einem höheren, die Grenze von 150 bis 200 Franken möglicherweise übersteigenden Kostenaufwand verbunden ist[19]. Auch wenn in derartigen Fällen diese Grenze überschritten wird, hat der Mieter für entsprechende Rechnungen aufzukommen. Ansonsten würde der bequeme oder unfähige Mieter, der jede erdenkliche Ausbesserung von Fachleuten vornehmen lässt, ungebührlich bevorzugt. Für die Beurteilung der Kleinheit einer Ausbesserung ist somit neben der Kostenhöhe auch auf die objektive Kleinheit der Ausbesserung abzustellen. Eine Ausbesserung ist demnach dann nicht mehr objektiv klein, wenn sie nur von einem Fachmann erledigt werden kann und mehr als 150 bis 200 Franken kostet. Der Vermieter darf dem Mieter bei objektiv nicht mehr kleinen Reinigungen und Ausbesserungen keinen Selbstbehalt auferlegen, sondern hat diesfalls den gesamten Rechnungsbetrag zu begleichen[20].

3.2.3 Öffentliche Abgaben und Lasten

Öffentliche Abgaben und Lasten, die mit der Mietsache verbunden sind, trägt gemäss Art. 256b OR der Vermieter. Unter Abgaben und Lasten, die mit der Sache «verbunden» sind, werden seit jeher die dinglichen Belastun-

---

17 vgl. Lachat/Stoll/Brunner, Das neue Mietrecht für die Praxis, 4. Auflage, Zürich 1999, S. 139
18 vgl. Arthur Trachsel, Leitfaden zum Mietrecht, Zürich 1991 (S. 143 f.), der eine bloss dispositive Kostenlimite vorschlägt (mindestens 100 Franken, höchstens 200 Franken pro Schadensfall)
19 vgl. Higi, N 16 f. zu Art. 259
20 vgl. SVIT-Kommentar, N 23 zu Art. 259

gen der Sache, die der Vermieter als Eigentümer der Mietsache schuldet, verstanden[21]. Dazu gehört alles, was die Sache selbst betrifft und im Gegensatz zum Gebrauch der Mietsache steht[22].

Beispiele für Abgaben, d.h. öffentlich-rechtliche Belastungen, die an das Eigentum am Mietobjekt anknüpfen, sind Grundsteuern, Gebäudeversicherungsprämien, Grundgebühren für die Kehrichtabfuhr[23]. Beispiele für Lasten, welche öffentlich-rechtlicher oder privatrechtlicher Natur sein können, sind öffentlich-rechtliche Grundlasten für Strassenunterhalt, Beleuchtung und Reinigung von Wegen, Erschliessungsbeiträge etc.[24].

In der Lehre ist umstritten, ob die Bestimmung von Art. 256b OR dispositiver oder relativ zwingender Natur ist. Wäre Art. 256b OR dispositiver Natur, so hätten die Vertragsparteien die Möglichkeit, auch die mit der Sache verbundenen Lasten und öffentlichen Abgaben im Mietvertrag dem Mieter zu überbinden. Der Vermieter hätte ferner die Möglichkeit, auf dem Wege der einseitigen Vertragsänderung gemäss Art. 269d Abs. 3 OR derartige Lasten und Abgaben neu zulasten des Mieters auszuscheiden[25]. Der letztere Schritt würde allerdings eine Reduktion des Nettomietzinses voraussetzen, falls es sich nicht um neu anfallende Abgaben handelt. Zudem kann der Mieter eine Überprüfung von Mietzins, ausgeschiedenen Nebenkosten und ausgeschiedenen Abgaben und Lasten gemäss Art. 269 ff. OR auf deren Nichtmissbräuchlichkeit hin verlangen.

Wird von der relativ zwingenden Natur von Art. 256b OR ausgegangen, ist eine Ausscheidung von mit der Sache verbundenen Lasten und Abgaben im Mietvertrag generell unzulässig, weil der Vermieter diese zu tragen hätte[26]. Dies bedeutet allerdings nicht, dass der Vermieter die mit der Sache verbundenen Betriebskosten nicht bei der Kalkulation des Mietzinses berücksichtigen könnte. Es geht vorliegend alleine um deren Nebenkostenfähigkeit. Im Regelfall kommt der Mieter über die Bezahlung des Mietzinses sowieso für alle dem Vermieter anfallenden Betriebskosten auf.

Die generelle Unzulässigkeit der mietvertraglichen Ausscheidung von mit der Sache verbundenen Lasten und Abgaben als Nebenkosten ist zu verneinen. Art. 257b Abs. 1 OR hält vielmehr ausdrücklich fest, dass öffentliche Abgaben, die sich aus dem Gebrauch der Mietsache ergeben, nebenkos-

---

21 vgl. Emil Schmid, Zürcher Kommentar, Zürich 1974, N 1–3 zu Art. 256b aOR
22 Oser/Schönenberger, Zürcher Kommentar, Zürich 1936, N 1 zu Art. 263a aOR
23 vgl. Botschaft, BBl 1985 I, S. 1424 f.; SVIT-Kommentar, N 13 zu Art. 257–257b
24 vgl. Higi, N 43 zu Art. 256a–256b
25 vgl. Higi, N 44 zu Art. 256a–256b
26 vgl. Zihlmann/Jakob, Mietrecht, Beobachter-Ratgeber, Zürich 1993, S. 95; Giacomo Roncoroni, Zwingende und dispositive Bestimmungen im revidierten Mietrecht, mp 2/90, S. 76 ff.; Lachat/Stoll/Brunner, a.a.O., S. 214f.

tenfähig sind. Art. 256b OR ist somit bezüglich der Ausscheidung von öffentlichen Abgaben, die mit dem Gebrauch der Mietsache zusammenhängen, dispositiver Natur. Eine Ausscheidung öffentlicher Abgaben und Lasten ist demnach insoweit ohne weiteres zulässig, als die Voraussetzungen der Art. 257a und 257b Abs. 1 OR gegeben sind[27]. Wasser- und Abwassergebühren sowie Grundgebühren für die Kehrichtabfuhr erfüllen beispielsweise diese Voraussetzung, Gebäudeversicherungsprämien und Liegenschaftensteuern nicht. Die Letzteren fallen unabhängig vom Gebrauch der Mietsache durch den Mieter an[28]. Dass nur die mit dem Gebrauch der Mietsache durch den Mieter zusammenhängenden Aufwendungen des Vermieters für öffentliche Abgaben nebenkostenfähig sind, impliziert auch die Botschaft des Bundesrates zur Mietrechtsrevision, welche als Beispiele derartiger Aufwendungen die Abwasserreinigungs- und die Kehrichtabfuhrgebühren nennt[29].

Der Vermieter ist auf jeden Fall gut beraten, wenn immer möglich nur unumstrittene Lasten und Abgaben vertraglich als Nebenkosten auszuscheiden, um unnötige Streitigkeiten mit der Mieterschaft zu vermeiden. Dies so lange, als kein eindeutiges Bundesgerichtsurteil in dieser Sache ergangen ist. Der Vermieter sollte sich stattdessen Zeit für eine sorgfältige Mietzinsgestaltung zu Beginn eines Mietverhältnisses nehmen. Die lokalen Hauseigentümerverbände stellen dem Vermieter gerne erfahrene Fachleute zur Verfügung, die ihm diese Aufgabe abnehmen können.

4 Ausscheidung im Mietvertrag

4.1 Grundsatz

Das Obligationenrecht hält in Art. 257a Abs. 2 Folgendes fest:

> Der Mieter muss die Nebenkosten nur bezahlen, wenn er dies mit dem Vermieter besonders vereinbart hat.

Ist keine solche Vereinbarung getroffen worden, wurden also keine Nebenkosten im Mietvertrag ausgeschieden, kann der Mieter davon ausgehen, dass alle Kosten im Mietzins enthalten sind. Es muss für den Mieter klar ersichtlich sein, für welche Nebenkosten er nebst dem Nettomietzins aufzukommen hat. Hauswartungskosten beziehen sich beispielsweise stets

---

27 vgl. SVIT-Kommentar, N 6 zu Art. 256b; Botschaft, BBl 1985 I, S. 1483
28 vgl. SVIT-Kommentar, N 6 f. zu Art. 256b; Lachat/Stoll/Brunner, a.a.O., S. 214f.; Zihlmann/ Jakob, a.a.O., S. 95; Brunner/Nideröst, Das Wichtigste zum Mietrecht, 3. Auflage, Zürich 1996, S. 24
29 vgl. Botschaft, BBl 1985 I, S. 148330 vgl. Higi, N 3 zu Art. 257a–257b

nur auf vom Hauswart ausgeführte Arbeiten. Darunter fallen auch vom Hauswart ausgeführte Gartenarbeiten. Ist für die Besorgung des Gartens jedoch ein Gärtner beauftragt worden, können diese Kosten nicht über die Hauswartungskosten dem Mieter weiter verrechnet werden. Sie gelten entweder als im Mietzins inbegriffen oder sind als Aufwendungen für die Gartenpflege ausdrücklich als Nebenkosten auszuscheiden. Sind im Mietvertrag die Kosten für die Treppenhausreinigung als Nebenkosten ausgeschieden, können unter dieser Position dem Mieter nicht die Aufwendungen für die gesamte Hauswartung belastet werden. Die obgenannte Gesetzesbestimmung ist zwingender Natur, kann also durch die Vertragsparteien nicht abgeändert werden[30]. Dies gilt auch für die Heizungs- und Warmwasserkosten. Deren besondere Regelung in der Verordnung über die Miete und Pacht von Wohn- und Geschäftsräumen (VMWG) bedeutet nicht, dass die Ausscheidung von Heiz- und Warmwasserkosten als Nebenkosten keiner vertraglichen Vereinbarung bedürfte[31].

Wenn Nebenkosten ausgeschieden werden, dürfen diese Aufwendungen selbstverständlich nicht mehr für die Kalkulation des Nettomietzinses beigezogen werden. Die Höhe der ausgeschiedenen Nebenkosten neben dem Nettomietzins spielt auch bei der Prüfung der Frage, ob ein Mietzins missbräuchlich sei oder nicht, eine Rolle[32].

Die Formularmietverträge der Hauseigentümerverbände bezeichnen zumeist die Positionen «Heiz- und Warmwasserkosten», «Treppenhausreinigung», «Hauswartung» und «Antennengebühr» als Nebenkosten. Diese vorgedruckten Positionen können um weitere der vorerwähnten Nebenkostenarten ergänzt werden, wobei darauf zu achten ist, dass die einzelnen Nebenkostenarten namentlich aufgeführt werden. Die Ausscheidung eines summarischen Betrages unter dem Begriff «Nebenkosten» – ohne dass diese im Einzelnen konkretisiert würden – ist unzulässig, und es ist dringend zu empfehlen, von dieser teilweise heute noch anzutreffenden Formulierungsweise abzusehen. Ebenso wenig wirksam ist eine Vereinbarung, dergemäss der Mieter für alle Nebenkosten aufzukommen habe, weil dieser Vereinbarung keine eindeutig bestimmbaren Nebenkosten zu entnehmen sind[33]. Die Ausscheidung der Nebenkosten ist an keine besondere Form gebunden. Eine mündliche Vereinbarung genügt, kann allerdings dem Vermieter Beweisschwierigkeiten bereiten, wenn der Mieter die Existenz einer solchen Vereinbarung bestreitet. Aus diesem Grunde ist eine schriftliche Vereinba-

---

30 vgl. Higi, N 3 zu Art. 257a–257b
31 vgl. SVIT-Kommentar, N 18 zu Art. 257–257b
32 vgl. SVIT-Kommentar, N 16 zu Art. 257–257b
33 vgl. Higi, N 15 zu Art. 257a–257b

rung dringend zu empfehlen, am sinnvollsten im Rahmen eines schriftlichen Mietvertrages.

Die Berufung des Mieters auf die Ungültigkeit einer Nebenkostenvereinbarung kann sich dort als stossend erweisen, wo es dem Mieter klar sein musste, dass der Vermieter den Mietvertrag nicht zum vereinbarten Nettomietzins abgeschlossen hätte, wenn ihm die Ungültigkeit der Nebenkostenvereinbarung bewusst gewesen wäre. Davon ist m.E. stets dann auszugehen, wenn der vereinbarte Betrag für die Nebenkosten im Vergleich zum Nettomietzins markant ins Gewicht fällt. Solche Fälle dürften in der Praxis bei der Vermietung von Geschäftsräumen in Erscheinung treten. Bei derartigen Fällen obliegt es dem Richter, zu ermitteln, was die Parteien bezüglich der Nebenkosten vernünftigerweise vereinbart hätten, wäre ihnen die Ungültigkeit der Vereinbarung bei Vertragsabschluss bewusst gewesen. Das Bundesgericht machte es sich dagegen in einem derartig gelagerten Fall einfach, indem es die Verabredung einer monatlichen Pauschale im Betrag von Fr. 5000.– für «Nebenkosten ohne Strom» als ungültig erklärte, was zur Folge hatte, dass der Mieter überhaupt keine Nebenkosten bezahlen musste[34].

Bei der Vermietung von Stockwerkeigentumswohnungen ist zu beachten, dass Vereinbarungen, der Mieter müsse nebst dem Nettomietzins für sämtliche Kosten aufkommen, die dem Vermieter von der Stockwerkeigentümergemeinschaft in Rechnung gestellt werden, unzulässig sind. Zum einen mangelt es derartigen Vereinbarungen an der vom Gesetz verlangten ausdrücklichen Ausscheidung von Nebenkosten – der Mieter weiss nicht, was für Kosten dem Vermieter einer Stockwerkeigentumswohnung im konkreten Fall belastet werden –, zum anderen werden dem Stockwerkeigentümer Kosten in Rechnung gestellt, die aufgrund des Mietrechtes nicht nebenkostenfähig sind.

Es ist ferner darauf zu achten, dass in allen Mietverträgen einer Liegenschaft – sofern möglich – dieselben Kosten als Nebenkosten ausgeschieden werden. Dadurch lässt sich ein unnötiger administrativer Mehraufwand bei den Nebenkostenabrechnungen vermeiden.

Bei Formularmietverträgen, die verschiedene Nebenkostenpositionen enthalten, ist deren Geltendmachung als Nebenkosten durch die Einsetzung eines entsprechenden Akonto- oder Pauschalbetrages zu verdeutlichen. Wird die Linie leer gelassen, hat der Mieter nicht davon auszugehen, der Vermieter habe sich die betreffenden Nebenkosten ausbedungen[35]. Es ist auf jeden Fall ratsam, sich für das Ausfüllen eines Mietver-

---

34 vgl. Entscheid vom 7. April 1999, abgedruckt in MRA 1/2000, S. 242 ff.
35 vgl. Entscheid des Bezirksgerichtes Kreuzlingen vom 16. Januar 1989 und Entscheid des Genfer Kantonsgerichtes vom 19. Juni 1989, beide in Mit. BWO 23, Nr. 1 und 2

trages Zeit zu nehmen. Einmal abgeschlossene Mietverträge haben in der Regel eine längere Laufzeit. Ein anfänglich begangener Fehler kann zu jahrelangen finanziellen Verlusten und zu entsprechendem Verdruss beim Vermieter führen. Bei Unklarheiten stehen die Rechtsberatungsstellen der Hauseigentümerverbände dem Vermieter beratend zur Seite. Wie das nachstehende Beispiel zeigt, können Unterlassungen zum Zeitpunkt des Abschlusses des Mietvertrages im Nachhinein missliebige Konsequenzen haben.

Beispiel

Im Mietvertrag zwischen der Immobiliengesellschaft X. und dem Mieter M. wird folgender Mietzins vereinbart:

Nettomietzins	Fr. 1'500.–
Nebenkosten für:	
– Heiz- und Warmwasser (akonto)	Fr. 70.–
– Hauswartung	....
– Kabelfernsehen	....
– Liftservice	....
– Allgemeinstrom	....
– Kaltwasserverbrauch	....
Totalbetrag (monatlich im Voraus zahlbar)	Fr. ....

Der Vermieter hat im Mietvertrag verschiedene Nebenkostenpositionen aufgelistet. Bei den Positionen Hauswartung, Kabelfernsehen, Liftservice, Allgemeinstrom und Kaltwasserverbrauch hat er keinen Frankenbetrag eingesetzt. Er kann sich im laufenden Mietverhältnis nicht darauf berufen, dies bei Vertragsabschluss «vergessen» zu haben, selbst dann nicht, wenn kein Totalbetrag eingesetzt wurde. Eine Berücksichtigung dieser Nebenkosten in der Heiz- und Warmwasserabrechnung ist ebenfalls unzulässig[36]. Im obigen Beispiel kann der Mieter nach Treu und Glauben davon ausgehen, dass mit Ausnahme der Heiz- und Warmwasserkosten alle Nebenkosten im Mietzins von 1500 Franken inbegriffen sind.

4.2 Konkludent vereinbarte Nebenkosten

Nur in Ausnahmefällen kann eine nicht ausdrücklich vereinbarte Nebenkostenpflicht aufgrund klarer Umstände angenommen werden. Kann beispielsweise die Waschmaschine in der Waschküche der vermieteten Liegenschaft nur mittels Einwurf von Münzstücken bedient werden, ist ohne

---

36 vgl. 2. Teil, 9.13

weiteres daraus zu schliessen, dass die Kosten des elektrischen Stroms und allenfalls diejenigen des Wasserverbrauchs für den Betrieb der Waschmaschine nicht im Nettomietzins enthalten sind. Der Preis des Münzeinwurfs gilt als Pauschalentschädigung für den pro bezahlten Waschmaschinengang verbrauchten Strom und – wenn einkalkuliert – für den entsprechenden Wasserverbrauch. Der Vermieter kann in einem laufenden Mietverhältnis nicht geltend machen, bei der Berechnung der Pauschalentschädigung die Kosten des Wasserverbrauchs nicht berücksichtigt zu haben. Der Mieter darf sich darauf verlassen, dass die Nebenkosten für Strom- und Wasserverbrauch auf jeden Fall mit der Bezahlung der Pauschale (Münzeinwurf) und des Mietzinses abgegolten sind. Es ist unzulässig, bei der Festsetzung der Pauschale die Amortisation der Waschmaschine oder deren Reparaturkosten mit einzukalkulieren, da Amortisations- und Reparaturkosten nicht nebenkostenfähig sind[37]. Die Höhe der Pauschale lässt sich aufgrund des Stromverbrauchs (und Wasserverbrauchs) für die verschiedenen Wascharten (90-Grad-, 60-Grad-, 40- Grad- und 30-Grad-Wäsche) und des Kilowattpreises bzw. des Wasserpreises leicht berechnen. Der Stromverbrauch einer Waschmaschine beträgt 300 bis 500 Kilowattstunden im Jahr. Den genauen Strom- und Wasserverbrauch kann der Waschmaschinenhersteller beziffern; die genauen Strom- und Wasserpreise sind beim Elektrizitäts- und Wasserwerk der betroffenen Gemeinde zu erfragen.

4.3 Nebenkosten in bereits abgeschlossenen Mietverträgen

In bereits abgeschlossenen, zumeist alten Mietverträgen sind oft nebst dem Nettomietzins Nebenkosten in summarischer Art mit einem einzigen Frankenbetrag ausgeschieden. Es sind darunter die normalerweise zur Ausscheidung gelangenden Nebenkostenpositionen «Heizungs- und Warmwasserkosten», «Treppenhausreinigungskosten» und «Hauswartungskosten» zu verstehen. Derartige Abmachungen widersprechen grundsätzlich der Konzeption des geltenden Mietrechts. Die heutigen Formularmietverträge der Hauseigentümerverbände tragen dem neuen Mietrecht Rechnung. Um Fehler zu vermeiden, ist dem Vermieter die Verwendung von Formularmietverträgen dringend zu empfehlen. Ein Mieter, der seit Jahren widerspruchslos die Überwälzung gewisser Nebenkostenpositionen unter der summarischen Rubrik «Nebenkosten» hingenommen hat, kann nach Treu und Glauben nicht plötzlich behaupten, es sei davon auszugehen, dass die Nebenkosten dem Vermieter durch die Bezahlung des Mietzinses abgegolten sind. Diese für den Vermieter höchst unbillige Situation kann der Gesetzgeber wohl kaum bezweckt haben. Bei Streitigkeiten obliegt es dem Richter,

---

37 vgl. 3.2.1

entsprechende Vertragsbestimmungen zu konkretisieren. Hat der Vermieter beispielsweise während Jahren dem Mieter eine Abrechnung über die Heiz- und Warmwasserkosten und die Hauswartungskosten zugestellt, so muss davon ausgegangen werden, dass die Parteien sich auf die Bezahlung dieser zwei Nebenkostenpositionen geeinigt haben, falls der Mieter die entsprechenden Rechnungen stets ohne Widerspruch beglichen hat[38].

5 Zahlungsart

5.1 Vier Systeme der Nebenkostenbelastung

Die Praxis kennt vier Systeme der Nebenkostenverrechnung, die zudem auch gemischt vorkommen können. So können im selben Mietvertrag Nebenkosten pauschal (z.B. Treppenhausreinigung pro Monat pauschal Fr. 20.–), andere Nebenkosten akonto (Heiz- und Warmwasserkosten pro Monat akonto Fr. 85.–) verrechnet werden. Geht aus dem Mietvertrag nicht klar hervor, ob Nebenkosten akonto oder pauschal geschuldet sind, ist von der Akontozahlung auszugehen, da sie dem Grundsatz der tatsächlichen Kosten eher entspricht als die Pauschalzahlung[39]. Die Fälligkeit der Nebenkosten richtet sich grundsätzlich nach dem Mietvertrag. Fehlt eine entsprechende Vereinbarung, ist der Ortsgebrauch massgebend. Existiert kein Ortsgebrauch, hat der Mieter gemäss Art. 257c OR die Nebenkosten am Ende eines Monats, spätestens aber am Ende der Mietzeit zu bezahlen.

5.2 Akontozahlungen

In den meisten Fällen sehen die Mietverträge vor, dass der Mieter für die ausgeschiedenen Nebenkosten sogenannte Akontozahlungen (Vorauszahlungen) erbringt, über welche am Schluss der Abrechnungsperiode vom Vermieter abgerechnet wird. Da der Vermieter dem Mieter nur die tatsächlich angefallenen Nebenkosten belasten darf (Art. 257b Abs. 1 OR), hat er diesem einen allfälligen Überschuss zurückzuerstatten. Ergibt die Abrechnung einen Saldo zuungunsten des Mieters, hat dieser den Differenzbetrag dem Vermieter nachzuzahlen. Beim System der Akontozahlungen ist der Vermieter verpflichtet, mindestens einmal jährlich eine Abrechnung zu erstellen und diese dem Mieter vorzulegen (Art. 4 Abs. 1 VMWG). Die Bestimmung von Art. 4 Abs. 1 VMWG legt einen Fälligkeitstermin für die Bezahlung der Heiz- und Warmwasserkosten fest (Zeitpunkt des Vorliegens einer Abrechnung). Dieser Termin bewirkt in rechtlicher Hinsicht,

---

38 vgl. Raissig/Schwander, a.a.O., S. 76 f.; Trachsel, a.a.O., S. 49
39 vgl. Raissig/Schwander, a.a.O., S. 77

dass der Gläubiger fordern und der Schuldner leisten muss. Um den Schuldner in Verzug zu setzen, bedarf es dagegen einer Mahnung[40]. Voraussetzung, dass der Schuldner leisten kann, ist allerdings dessen Kenntnis über den Bestand und die Höhe der Forderung, was erst nach Vorliegen der Abrechnung der Fall sein kann. Die Abrechnung muss neben der Hauptabrechnung (Zusammenstellung aller Ausgaben, Anfangs- und Endbestand des Heizöls etc.) auch eine Auflistung der für die einzelnen Nebenkostenarten gewählten Kostenverteilschlüssel (Aufteilung nach Anzahl Wohnungen, nach Kubikinhalt, nach Fläche, nach Zähler etc.) enthalten. Ohne diese Angaben ist dem Mieter die Ausübung der gesetzlich vorgesehenen Überprüfung der Abrechnung nicht möglich[41]. Bei einem in die Abrechnungsperiode fallenden Mieterwechsel ist nur die tatsächliche Benutzungsdauer von Belang, weshalb der Vermieter in solchen Fällen in der Regel eine Zwischenabrechnung vornimmt. Dem Mieter steht allerdings kein Rechtsanspruch auf eine Zwischenabrechnung zu, weil der Vermieter grundsätzlich erst nach Ablauf der vereinbarten Abrechnungsperiode über eine Übersicht sämtlicher aufgelaufener Kosten verfügt[42]. Der Vermieter sollte bei der Festsetzung der Höhe der Akontozahlungen am Anfang eines Mietverhältnisses keine Fantasiezahlen wählen. Sind die Akontozahlungen nämlich zu tief angesetzt, kann sich für den Vermieter das Problem stellen, dass er für die Bezahlung der eingehenden Rechnungen nicht über genügend flüssige Mittel verfügt.

Unangemessen hohe Akontozahlungen müssen andererseits vom Mieter nicht hingenommen werden. Die vereinbarten Akontozahlungen sollten daher im Interesse beider Vertragsparteien so angesetzt werden, dass die zu erwartenden Kosten dadurch ungefähr gedeckt sind. Weil diese Kosten – gerade bei der Vermietung von Neubauten – nie genau berechnet werden können, wird es bei der Vereinbarung von Akontozahlungen notwendigerweise zu Rück- bzw. Nachzahlungen kommen. Mit möglichen Nachzahlungen muss demzufolge der Mieter ohne weiteres rechnen. Setzt der Vermieter die Akontozahlungen allerdings in Kenntnis der zu erwartenden Kosten bewusst derart tief an, um den Mieter mit einem scheinbar günstigen Angebot zu ködern, riskiert er, dass der Mieter Nachzahlungen unter Hinweis auf arglistiges Verhalten des Vermieters verweigern kann. Arglistiges Verhalten des Vermieters bei der Festsetzung von Akontozahlungen darf allerdings nicht leichthin angenommen werden, zumal der Vermieter von Gesetzes wegen nicht verpflichtet ist, Akontozahlungen zu vereinba-

---

40 vgl. Guhl/Merz/Koller, Obligationenrecht, 8. Auflage, Zürich 1991, S. 219 f.
41 vgl. Mit. BWO 23 Nr. 2
42 vgl. Petermann/Fasnacht, Heizung – Heizkosten, 4. Auflage, Zürich 1985, S. 93

ren. So ist eine Vereinbarung von Nebenkosten, über die abgerechnet wird, ohne weiteres zulässig, ohne dass Vorauszahlungen vorgesehen wären. Arglistigkeit liegt nicht vor, wenn die Nachzahlungen aufgrund von Kostensteigerungen während des laufenden Mietverhältnisses verursacht werden (z.B. höhere Heizölkosten). Der Mieter wird sich zudem in der Regel nie allein aufgrund der Tatsache, dass hohe Nachforderungen gestellt werden (z.B. 50% des vorausbezahlten Totalbetrages) auf Arglist berufen können. Entscheidend ist, dass der nachzuzahlende Betrag im Verhältnis zum vereinbarten Mietzins (Nettomietzins und Nebenkosten) derart massiv ins Gewicht fällt, dass vernünftigerweise davon ausgegangen werden kann, der Mieter hätte bei Kenntnis des tatsächlichen Betrages vom Abschluss des Mietvertrages abgesehen. Der Mieter ist diesbezüglich beweisbelastet.

Beispiel

Mieter M mietet bei der Immobiliengesellschaft X eine 4-Zimmer-Wohnung in Winterthur (Mietbeginn: 1. Oktober 2000). Vereinbart wird ein Nettomietzins von Fr. 2000.– zuzüglich Fr. 100.– Nebenkosten (Heiz- und Warmwasser, Hauswartung, Kabelfernsehen und Allgemeinstrom) pro Monat. Über die Nebenkosten wird abgerechnet. Beim Ausstellen des Mietvertrages hat die Verwaltung auf den Vertrag des bisherigen Mieters abgestellt und die Akontozahlung trotz der seit dem Abschluss dieses Vertrages im Jahre 1992 gestiegenen Heizungs- und Hauswartungskosten nicht angepasst. Der Mieter erkundigt sich nicht, ob die Akontozahlung die zu erwartenden Kosten abdeckt. In der Folge verlangt die Verwaltung eine Nachzahlung in der Höhe von Fr. 720.–. Der Nachzahlungsbetrag entspricht rund 38 Prozent der vom Mieter geleisteten Akontozahlungen im Betrag von Fr. 1920.–. In Prozenten vom vereinbarten Jahresmietzins von Fr. 24'000.– ausgedrückt entspricht der Nachzahlungsbetrag gerade noch drei Prozent. Bei dieser Sachlage musste die Verwaltung nicht davon ausgehen, der Mieter hätte den Vertrag nicht abgeschlossen, hätte er um die höheren Nebenkosten gewusst. Die Höhe des Nachzahlungsbetrages lässt mithin nicht auf ein arglistiges Verhalten der Verwaltung schliessen. Will der Mieter das Risiko von Nachzahlungen minimieren, müsste er sich bei Vertragsabschluss vom Vermieter entsprechende (schriftliche) Zusicherungen geben lassen und von diesem genaue Aufklärung über die Festlegung der Akontozahlung verlangen.

5.3 Pauschalzahlungen

Die gesamten – wie auch einzelne – Nebenkosten können im Mietvertrag auch als Pauschale (fester Betrag) vereinbart werden, wobei der Vermieter gemäss Art. 4 Abs. 2 VMWG bei deren Festsetzung auf die Durchschnittswerte dreier Jahre abstellen muss. Dies steht im Grunde genommen im Widerspruch zum in Art. 257b OR postulierten Grundsatz der «tatsächlichen Nebenkosten»[43]. Auch bei dieser Zahlungsart ist jedoch zwingend erforderlich, dass die einzelnen Positionen im Vertrag aufgeführt werden. Zudem hat der Mieter auch bei der Wahl des Pauschalierungssystems Anspruch auf Einsichtnahme in die Belege. Der Vermieter kann sich dagegen die Erstellung einer jährlichen Abrechnung zuhanden des Mieters ersparen, was einen gewissen administrativen Minderaufwand zur Folge hat. Der Vermieter hat sich aber bewusst zu sein, dass er dem Mieter bei Vereinbarung von Pauschalen keine Nachforderungen stellen kann, wenn die tatsächlichen Kosten nicht gedeckt sind. Es besteht zudem die Möglichkeit, dass die Pauschale infolge des Basierens auf den Durchschnittswerten dreier Jahre mit der tatsächlichen Kostenentwicklung nicht mehr Schritt halten kann.

5.4 Nebenkosten im Mietzins inbegriffen

Der Vermieter hat natürlich auch die Möglichkeit, auf die Geltendmachung von Nebenkosten nebst dem vereinbarten Mietzins zu verzichten. Alle Leistungen des Vermieters sind diesfalls im Mietzins inbegriffen. Dieses Verrechnungssystem macht dort Sinn, wo die Zuordnung der Kosten zum einzelnen Mietobjekt schwierig ist (beispielsweise bei Einzelzimmern) oder wo sich wegen zu grosser Kosten- und Zeitintensität die Aufstellung einer detaillierten Abrechnung nicht lohnt. Allerdings ist zu beachten, dass die Wahl dieses Verfahrens möglicherweise gegen die obligatorische verbrauchsabhängige Heizkostenabrechnung (VHKA) verstösst[44]. Im Hinblick auf die Einführung des VHKA-Obligatoriums dürfte es daher ratsam sein, zumindest die Heiz- und Warmwasserkosten als Nebenkosten auszuscheiden.

5.5 Direktzahlung an Dritte

Die nicht im Nettomietzins inbegriffenen Kosten können dem Mieter ferner auch direkt überbunden werden. Dies ist meist bei der Vermietung von Einfamilienhäusern der Fall, weil diesfalls die Leistungen direkt von einem

---

43 vgl. Lachat/Stoll/Brunner, a.a.O., S. 218
44 vgl. 2. Teil, 16

Dritten erbracht werden. Der Mieter ist selber für die Brennstoffbeschaffung oder die Wartung der Heizungsanlage zuständig. Der Mieter erhält die Rechnungen des Brennstofflieferanten, des Elektrizitätswerkes, der Gärtnerei etc. direkt zugestellt. Bei der Vermietung eines Einfamilienhauses entsprechen die Nebenkosten grundsätzlich den Verbraucherkosten[45]. Bei der Wohnungsmiete kommt der Mieter für seine von ihm verursachten Verbraucherkosten selber auf, ohne dass eine besondere Regelung notwendig wäre, weil es sich in einem solchen Fall nicht um Nebenkosten im Sinne von Art. 257a OR handelt[46].

5.6 Vor- und Nachteile der verschiedenen Zahlungsarten

Dem Vermieter steht die Wahl des Nebenkostenbelastungssystems zu. Das System der Direktzahlungen ist allerdings primär bei der Vermietung von Einfamilienhäusern praktikabel, weil nur dort der Mieter in der Lage ist, die Mietliegenschaft weitgehend selber zu verwalten. Bei der Vermietung von Wohnungen ist davon abzuraten. So können Wohnungsmieter realistischerweise weder mit dem Brennstoffeinkauf noch mit der Wartung der Heizungsanlage betraut werden. Rechnet der Vermieter sämtliche Nebenkosten in den Mietzins ein, hat dies für ihn den Vorteil, dass der administrative Aufwand klein ist, weil keine Abrechnungen erstellt werden müssen. Der Nachteil ist augenfällig: Steigen die Nebenkosten, kann sich der anfänglich errechnete Mietzins schnell einmal als zu tief erweisen. Da die Nebenkosten erfahrungsgemäss starken preislichen Schwankungen unterliegen, sollten diese im Mietvertrag in Form von Akontozahlungen ausgeschieden werden. Zumindest die Heiz- und Warmwasserkosten sollten stets als Nebenkosten vereinbart werden. Die Vereinbarung von Akontozahlungen ist bei der Ausscheidung der Nebenkosten grundsätzlich der Pauschalierung vorzuziehen, weil dadurch der effektiven Preisentwicklung Rechnung getragen werden kann. Bei der Wahl der Pauschalierung besteht das Risiko, mit der Preisentwicklung nicht immer Schritt halten zu können. Zudem zieht der Mieter Akontozahlungen (verbunden mit einer jährlichen Abrechnung) der Pauschalierung vor, weil er nur für die von ihm tatsächlich verursachten Nebenkosten aufzukommen hat. Die Pauschalierung macht nur dort Sinn, wo die Preise in etwa konstant bleiben, wie beispielsweise bei der Vereinbarung von Nebenkosten für die Treppenhausreinigung.

45 vgl. 2
46 vgl. 2

6 Kostenaufteilung

6.1 Kostenaufteilung gemäss tatsächlichen Kosten

Bei der Aufteilung der Nebenkosten auf die Mieter hat der Vermieter dem Grundsatz der tatsächlichen Kosten Rechnung zu tragen. Der Mieter kann allerdings aus diesem Grundsatz keinen Anspruch auf Rappenspalterei ableiten. In Bezug auf das deutsche Recht hat das Oberlandesgericht Schleswig 1990 festgehalten, dass bei der Nebenkostenabrechnung mit keiner «Pfennig-Gerechtigkeit» gerechnet werden könne[47]. Dieser Entscheid dürfte uneingeschränkt auch in der Schweiz Geltung haben. Wenn der Vermieter die Verteilschlüssel einseitig zu bestimmen hat – d.h. in all den Fällen, in denen der Verteilschlüssel nicht im Mietvertrag festgelegt wurde –, muss er nach billigem Ermessen vorgehen. Der Vermieter muss auf die Interessen der Gesamtheit der Mieter – Einzelinteressen sind nicht massgebend – und auf sein Interesse an einer effizienten und sparsamen Verwaltung abstellen. Weil der Ermessensspielraum relativ gross ist, ist der Vermieter zudem berechtigt, bei der Festlegung der Verteilschlüssel aus Gründen der Praktikabilität zu verallgemeinern, zumal sich weder Gesetz noch Verordnung über die Verteilung der Nebenkosten äussern. Der Grundsatz der tatsächlichen Kosten beinhaltet ohne weiteres die Pflicht des Vermieters, ihm gewährte Mengenrabatte, Rückvergütungen und weitere Gutschriften in der Nebenkostenabrechnung dem Mieter weiterzugeben (Art. 257b OR)[48]. Auf die Verteilung der Heiz- und Warmwasserkosten wird im 2. Teil (Kap. 13) im Detail eingegangen. An dieser Stelle wird deshalb auf die dortigen Ausführungen verwiesen. Bei der Verteilung der übrigen Nebenkosten spielt es eine Rolle, ob es sich um sogenannte neutrale Kosten oder um verbrauchsabhängige Kosten handelt. Die Abrechnung sämtlicher Nebenkosten – auch derer, die in keinem relevanten Zusammenhang mit der Grösse der Wohnung stehen – gemäss dem Verteilschlüssel der Heiz- und Warmwasserkosten ist nicht empfehlenswert, weil dadurch die grossen Wohnungen über Gebühr belastet werden.

6.2 Neutrale Kosten

Unter neutralen Kosten sind Kosten zu verstehen, die in keinem Zusammenhang mit der Grösse des Mietobjektes stehen, sondern meistens die gemeinschaftlichen Teile betreffen. Beispiele für derartige Kosten sind die Kosten für die Hauswartung, die Treppenhausreinigung, die Gartenpflege und den Allgemeinstrom (Strom für die Beleuchtung von Gemeinschafts-

---

47 vgl. Rechtsentscheid vom 4. Oktober 1990 in Pfeifer, a.a.O., S. 83
48 vgl. für die Heiz- und Warmwasserkosten 2. Teil, 10

anlagen wie Waschküche, Keller, Tiefgarage, Vorplatz bzw. für den Betrieb von gemeinschaftlich benützten Maschinen wie Waschmaschine, Tumbler etc.) sowie Antennen- bzw. Kabelgebühren und Service-Abonnemente für Lift und Waschmaschine. Diese Kosten können in der Regel nach Anzahl Wohnungen auf die Mieter verteilt werden, unabhängig von deren Grösse. Bei den Kosten für den Lift kann von der Wahl eines speziellen Verteilschlüssels wegen des daraus resultierenden Aufwands abgesehen werden, auch wenn die Mieter im Parterre und im 1. Stock den Lift nie oder nur selten benützen. Die (neutrale) Belastung aller Wohnungen mit den Liftkosten ist üblich und stellt keine Abweichung von bekannten Verteilgrundsätzen dar. Der Vermieter handelt mithin im billigen Ermessen, wenn er sich für die (neutrale) Belastung aller Wohnungen entscheidet. Die Mieter haben denn auch weder einen Rechtsanspruch auf Kostenbefreiung (Parterremieter) noch auf eine Abstufung der Kosten nach Stockwerken. Eine Befreiung einer Wohnung von der anteilmässigen Beteiligung an den Liftkosten lässt sich m.E. so oder so nur in den Fällen rechtfertigen, in denen die Mieter den Lift tatsächlich nicht benützen können. Das ist bei einer Parterrewohnung nur dann der Fall, wenn mit dem Lift weder die Tiefgarage noch die Keller- bzw. Estrichabteile erreicht werden können. Um allfälligen Streitigkeiten mit Mietern vorzubeugen, ist es allerdings ratsam, den Verteilschlüssel für die Liftkosten im Mietvertrag festzuhalten, sofern diese separat als Nebenkosten ausgeschieden werden.

6.3 Verbrauchsabhängige Kosten

Bei der Verteilung verbrauchsabhängiger Kosten (z.B. Wasserzins, Abwasser- und Kehrichtabfuhrgebühren) kann hingegen auf die Grösse des Mietobjektes (Wohnfläche, Nutzfläche bei Geschäftsräumen) abgestellt werden. Dieser Verteilschlüssel hat den Vorteil der Klarheit und Dauerhaftigkeit. Diese Art der Kostenverteilung entspricht zudem hinreichend dem Gebot der Billigkeit, bieten grössere Flächen doch stets die grundsätzliche Möglichkeit einer grösseren Nutzung. Damit sind automatisch höhere Kosten verbunden. In der Regel werden denn auch grössere Wohnungen von mehr Personen belegt als kleine. Dies ist zwar nicht immer der Fall, trotzdem ist von der Wahl der Personenzahl als Verteilschlüssel dringend abzuraten. Einerseits lässt sich sehr schwer feststellen, wie viele Personen sich in einer Wohnung tatsächlich aufhalten, andererseits müsste der Verteilschlüssel bei Veränderungen der Personenzahl – etwa bei Eheschliessungen, Scheidungen, Umzügen – stets den konkreten Verhältnissen angepasst werden, was zu einem wenig sinnvollen, zumeist auch unpraktikablen administrativen Mehraufwand führen würde. Der Vermieter müsste abklären, wie viele Personen wann und wie lange in jeder einzelnen Wohnung verweilen, um eine gerechte Verteilung der Kosten vornehmen zu können, wobei auch die unterschiedlich langen Ferienabwesenheiten der Mietparteien zu berücksichtigen wären[49]. Die durch das Abstellen auf die Personenzahl erreichbare grössere Verteilgerechtigkeit steht deshalb in der Regel in keinem vernünftigen Verhältnis zum dadurch verursachten Mehraufwand der Verwaltung. Dies trifft insbesondere bei einer grossen Anzahl von Mietverhältnissen, über die abzurechnen ist, zu. Aus diesem Grunde hat denn auch der Mieter keinen Anspruch darauf, dass nach der Personenzahl abgerechnet wird.

6.4 Gemischte Mietverhältnisse

Nicht alle Mietliegenschaften weisen einheitliche Mietverhältnisse (z.B. nur Wohnungen oder nur Geschäftsräume) auf. Teilweise werden in einer Liegenschaft sowohl Wohn- als auch Geschäftsräume bzw. Miet- und Ferienwohnungen vermietet. Bei der Kostenaufteilung hat der Vermieter einer Liegenschaft, die derartige gemischte Mietverhältnisse aufweist, dieser Tatsache bei der Erstellung der Nebenkostenabrechnung Rechnung zu tragen. Die Nebenkosten eines Geschäftes weichen in der Regel von den Nebenkosten einer Wohnung ab. Das Gleiche gilt bezüglich Mietwohnungen, die während des ganzen Jahres bewohnt werden, und Ferienwohnungen, die zwar ganzjährig vermietet, aber nicht bewohnt werden. Der Warmwasserverbrauch eines Coiffeursalons kann um ein Vielfaches höher sein als der Warmwasserverbrauch einer Wohnung. Gerade das Gegenteil dürfte zutreffen, wenn in einer Wohnliegenschaft gleichzeitig eine Anwaltskanzlei eingemietet ist. Die Kanzlei benötigt in der Regel viel weniger Warmwasser als eine an eine Familie mit Kindern vermietete Wohnung. Eine Ferienwohnung verbraucht viel weniger Heizwärme als die während des ganzen Jahres bewohnte Wohnung. In solchen Fällen ist die Ermittlung des Heizwärme- und Warmwasserverbrauchs mittels Zählern – sofern technisch möglich – dringend zu empfehlen[50]. Nicht messbar ist beispielsweise der anfallende Kehricht. Ein Restaurant verursacht wesentlich mehr Abfälle als eine Wohnung. Es wäre deshalb stossend, wenn die mietvertraglich ausgeschiedenen Kosten für die Kehrichtabfuhr den Mietern nach Raumgrösse belastet würden, ohne den Mehrverbrauch des Restaurants zu berücksichtigen.

6.5 Leer stehende Wohn- und Geschäftsräume

Rechnet der Vermieter über einzelne Nebenkostenarten ab (Ausscheidung im Mietvertrag, Vereinbarung von Akontozahlungen), so muss er bei der

---

49 vgl. R. Püntener, Die Nebenkosten im System des BMM, in Mietrechtspraxis, mp 1989 S. 138 ff.
50 vgl. 2. Teil, 13.4

Abrechnung auch leer stehende Wohn- und Geschäftsräume anteilmässig, d.h. nach dem gewählten Verteilschlüssel, belasten. Es ist unzulässig, die Nebenkosten leer stehender Wohnungen auf die verbleibenden Mieter zu verteilen, trägt doch der Vermieter das Risiko von Leerständen vollumfänglich. Es gibt allerdings eine Ausnahme, die in Art. 7 VMWG geregelt ist. Bezüglich der Heizungskosten ist dort vorgesehen, dass der Vermieter nur einen Teil dieser Kosten zu tragen hat, falls keine Geräte zur Erfassung des Wärmeverbrauchs angebracht sind und die leer stehenden Wohn- und Geschäftsräume nachweisbar nur soweit geheizt werden, als dies zur Verhinderung von Frostschäden notwendig ist. Dem Vermieter ist daher zu empfehlen, den Abschluss einer Leerstandsrisiko-Versicherung zu prüfen.

7 Einsichtsrecht des Mieters

Der Vermieter muss dem Mieter auf dessen Verlangen hin Einsicht in die Belege der Nebenkostenabrechnung gewähren (Art. 257b Abs. 2 OR). Der Mieter hat die Möglichkeit, sich auf eigene Kosten Fotokopien der Belege anzufertigen. Der Vermieter ist dagegen nicht verpflichtet, dem Mieter auf dessen Verlangen hin Kopien anzufertigen. Lässt sich der Vermieter freiwillig darauf ein, will aber die entstehenden Kosten (Kosten der Kopien sowie allfällige Portokosten) dem Mieter belasten, so sollte er dies sicherheitshalber schriftlich vereinbaren. Art. 8 Abs. 2 VMWG konkretisiert, dass der Mieter oder dessen bevollmächtigter Vertreter berechtigt ist, die sachdienlichen Originalunterlagen einzusehen und über den Anfangs- und Endbestand von Heizmaterialien Auskunft zu verlangen. Das Gesetz räumt mithin dem Mieter das Recht ein, die Abrechnung des Vermieters auf deren Richtigkeit hin zu überprüfen. Das Einsichtsrecht steht dem Mieter auch zu, wenn die Nebenkosten pauschal verrechnet werden. Der Mieter kann sich dadurch vergewissern, ob der Vermieter bei der Berechnung der Pauschale tatsächlich auf Durchschnittswerte abgestellt hat[51]. Bezüglich im Mietzins inbegriffener Nebenkosten steht dem Mieter hingegen kein Einsichtsrecht zu[52]. Das Einsichtsrecht des Mieters erlischt erst, wenn die Nebenkostenforderung des Vermieters verjährt ist[53]. Eine zeitlich zwingende Beschränkung der Einsichtspflicht auf einen davor liegenden Zeitpunkt ist demnach unzulässig. Im Regelfall wird der Mieter allerdings gut beraten sein, die Heizkostenabrechnung nach Erhalt zu überprüfen und mit der allfälligen Einsicht in die Belege nicht grundlos zuzuwarten. Das Gesetz hat

---

51 vgl. Botschaft, BBl 1985 I, S. 1483
52 vgl. Higi, N 30 zu Art. 257a–257b
53 vgl. Higi, N 30 zu Art. 257a–257b

Ort und Zeit der Einsichtnahme nicht besonders geregelt. Treffen Vermieter und Mieter diesbezüglich keine Vereinbarung, sind die allgemeinen vertragsrechtlichen Grundsätze des Obligationenrechts zu beachten:
- Ort der Einsichtnahme ist der Wohn- oder Geschäftssitz des Vermieters (Art. 74 Abs. 2 Ziff. 3 OR).
- Die Einsichtnahme hat während den ortsüblichen Geschäftszeiten zu erfolgen.
- Der Vermieter ist rechtzeitig über die gewünschte Einsichtnahme zu orientieren.

Da der Mieter bei der Vereinbarung von Akontozahlungen einen zwingenden Anspruch auf Abrechnung hat, ist es Sache des Vermieters, sämtliche notwendigen Belege aufzubewahren, die er für die Erstellung einer korrekten Abrechnung benötigt. Der Mieter muss nur für Kosten aufkommen, die der Vermieter ausweisen kann. Kostenschätzungen sind grundsätzlich ungenügend. Bei länger andauernden Mietverhältnissen kann allenfalls auf Durchschnittswerte früherer Abrechnungsperioden abgestellt werden, wenn der Vermieter diese Werte ausweisen kann und geltend machen kann, dass diese Werte den tatsächlichen Nebenkosten entsprechen. Aus einer nicht vollständigen oder gar nicht erfolgten – da aufgrund fehlender Belege nicht möglichen – Abrechnung steht dem Mieter ein vertraglicher Rückzahlungsanspruch hinsichtlich der von ihm geleisteten Akontozahlungen zu. Die Höhe des Rückzahlungsanspruchs hängt vom Umfang der vom Vermieter erstellten ausgewiesenen Abrechnung ab.

8 Zeitpunkt der Nebenkostenabrechnung

Gemäss Art. 4 Abs. 1 VMWG hat der Vermieter mindestens einmal jährlich über die im Mietvertrag akonto ausgeschiedenen Nebenkosten abzurechnen. Bei pauschal vereinbarten Nebenkosten ist eine Abrechnung nicht erforderlich. Der Vermieter muss nach Treu und Glauben die Abrechnung erstellen, sobald ihm alle relevanten Unterlagen vorliegen. Die Abrechnung sollte dem Mieter so schnell als möglich zugestellt werden. Ist der Vermieter ausnahmsweise dazu nicht in der Lage, sollte er den Mieter vorsorglich darüber informieren. Der Mieter hat einen Rechtsanspruch auf Erhalt einer Nebenkostenabrechnung innert angemessener Frist. Zur Durchsetzung seines Anspruchs kann der Mieter sich an die Schlichtungsbehörde und – im Falle der Nichteinigung – an den Richter wenden.

Die Pflicht, über vereinbarte und vom Mieter bezahlte Akontozahlungen abzurechnen, ist gemäss einem neuen Bundesgerichtsentscheid vertraglicher und nicht bereicherungsrechtlicher Natur[54]. Daraus folgt, dass der Anspruch des Mieters auf die Abrechnung und die Rückerstattung allfällig zu viel bezahlter Beträge im Falle eines Eigentümerwechsels gegenüber dem neuen Eigentümer einer Mietliegenschaft geltend zu machen ist, falls der Abrechnungspflicht vom bisherigen Eigentümer nicht nachgekommen worden ist. Dies gilt auch für Abrechnungsperioden vor dem Eigentumsübergang.

Die Wahl des Stichtags, auf welchen eine Nebenkostenabrechnung zu erstellen ist, überlässt die Verordnung den Vertragsparteien. Der Vermieter wird bei der Abrechnung der Nebenkosten einen einheitlichen Stichtag wählen. Es macht keinen Sinn, über die Heiz- und Warmwasserkosten und die übrigen ausgeschiedenen Nebenkosten zu verschiedenen Zeitpunkten abzurechnen. Für die Erstellung der Heiz- und Warmwasserkostenabrechnung wird der Vermieter in der Regel das Ende der Heizperiode (Stichtag 30. Juni) wählen, können doch zu diesem Zeitpunkt die Kosten für die gesamte Heizperiode in der Abrechnung berücksichtigt werden. Bei einem Mieterwechsel vor Ablauf der Abrechnungsperiode wäre an sich eine Zwischenabrechnung fällig. Weil dem Vermieter zu diesem Zeitpunkt noch nicht alle in der Abrechnung zu berücksichtigenden Kostenfaktoren bekannt sind, wird es unter Umständen sinnvoll sein, mit der Abrechnung bis zum Ende der Abrechnungsperiode zuzuwarten. Der Mieter hat keinen rechtlich durchsetzbaren Anspruch auf eine Zwischenabrechnung[55].

9 Bestreitung der Nebenkostenabrechnung durch den Mieter

Ist der Vermieter nicht bereit, dem Mieter auf dessen Anfrage hin eine detaillierte Abrechnung zu unterbreiten bzw. ihm Einsicht in die Belege zu gewähren, ist der vom Vermieter geforderte Saldo nicht zur Zahlung fällig. Dies hat das Bundesgericht bereits vor Jahren entschieden[56]. Leistet der Mieter hingegen künftig fällig werdende Zahlungen nicht, kommt dieser in Zahlungsverzug und riskiert eine vorzeitige Kündigung gemäss Art. 257d Abs. 1 OR, welcher ausdrücklich auf die Nebenkosten Bezug nimmt. Entstehen zwischen Vermieter und Mieter Unstimmigkeiten über die Richtigkeit der Nebenkostenabrechnung, ist die Schlichtungsbehörde für Mietstreitigkeiten anzurufen, sofern die Parteien nicht in der Lage sind, eine Einigung zu erzielen.

---

54 vgl. BGE 126 III 119 ff.
55 vgl. 2. Teil, 12.5
56 vgl. ZR 68 Nr. 89

Das Bundesgericht hat in einem Entscheid vom 24. Juni 1998 bezüglich der Fälligkeit des Saldos aus der jährlichen Nebenkostenabrechnung festgehalten, dass die sofortige Erfüllung, die der Vermieter aufgrund von Art. 75 OR verlangen könne, wenn sich aus dem Vertrag oder der Natur des Rechtsverhältnisses nichts anderes ergebe, nicht wörtlich zu verstehen sei. Dem Mieter müsse vielmehr eine gewisse Zahlungsfrist eingeräumt werden. Diese beträgt 30 Tage. Diese Frist ist denn auch im übrigen Zahlungsverkehr üblich[57]. Da der Mieter für die Überprüfung der Abrechnung eine angemessene Frist beanspruchen kann, bevor er den Saldo aus der Nebenkostenabrechnung begleicht, ist von der Vereinbarung kürzerer Zahlungsfristen in Formularmietverträgen abzusehen.

Der Vermieter muss sich eine pauschale Bestreitung der Nebenkostenabrechnung durch den Mieter nicht gefallen lassen. Dem Mieter ist es vielmehr zuzumuten, nach erfolgter Einsicht in die Belege konkrete Beanstandungen anzumelden[58].

Das Anfechtungsrecht des Mieters kann nicht durch eine im Vertrag festgesetzte Frist beschränkt werden. Da es sich bei der Nebenkostenabrechnung um eine aus einem bestehenden Mietvertrag resultierende Forderung handelt, entfällt sowohl die Formularpflicht des Vermieters als auch die 30-tägige Anfechtungsfrist des Mieters[59].

Die Verjährung eines allfälligen Rückforderungsanspruchs des Mieters aufgrund zu Unrecht verrechneter Nebenkosten oder der Einfügung von unzulässigen Posten in die Heiz- und Warmwasserabrechnung – die Anschaffung eines Rasenmähers wird z.B. unzulässigerweise in die Heizkostenabrechnung eingefügt – richtet sich nach den Bestimmungen über die ungerechtfertigte Bereicherung (Art. 62 ff. OR). Der Anspruch auf eine Rückforderung zu Unrecht bezahlter Nebenkosten verjährt mithin mit Ablauf eines Jahres, nachdem der Mieter von seinem Anspruch Kenntnis erhalten hat (dies ist mit der Zustellung der Abrechnung durch den Vermieter der Fall), in jedem Fall aber mit Ablauf von zehn Jahren seit Entstehung des Anspruchs (Art. 67 Abs. 1 OR).

Der Mieter hat die Obliegenheit, die ihm zugestellte Abrechnung zu prüfen, und zwar auch dann, wenn er auf der Abrechnung nicht ausdrücklich darauf hingewiesen wird. Unterlässt der Mieter die Überprüfung der Abrechnung und ficht diese innert Jahresfrist seit der Zustellung nicht an, tritt die Verjährung für allfällige Rückforderungsansprüche ein. Davon ausgenommen sind jedoch Rückforderungsansprüche, von denen der Mieter

---

57 vgl. mp 2/99 S. 83 f.
58 vgl. Urteil des Landgerichtes Berlin vom 15. Mai 1987, zitiert in Jahrbuch 1988
59 vgl. Püntener, a.a.O., S. 142

selbst nach pflichtgemässer Überprüfung der Abrechnung keine Kenntnis haben kann. Dies ist beispielsweise dann der Fall, wenn der Vermieter Reparaturrechnungen für die Heizung in der Heiz- und Warmwasserkostenabrechnung belastet, ohne dass dies aus der dem Mieter zugestellten Abrechnung ersichtlich ist.

Der Vermieter seinerseits kann die Nebenkosten (einzelne Akonto- oder Pauschalzahlungen) – bei welchen es sich um periodische Leistungen handelt, wenn eine periodische Leistungspflicht des Mieters vereinbart worden ist – während fünf Jahren, gerechnet vom Ende der vereinbarten bzw. ortsüblichen Abrechnungsperiode, vom Mieter verlangen[60]. Nach Ablauf dieser Frist tritt die gesetzliche Verjährung ein (Art. 128 Ziff. 1 OR). Die Nebenkostenabrechnung mit Akontozahlungen stellt ein dem Kontokorrent ähnliches Verhältnis dar. Nach der Saldoziehung entsteht eine neue Forderung, für welche sowohl für den Vermieter als auch für den Mieter eine zehnjährige Verjährungsfrist gilt (Art. 127 OR). Für nicht periodisch vereinbarte Nebenkostenzahlungen, d.h. einmalig zu bezahlende Nebenkosten, gilt ebenfalls eine zehnjährige Verjährungsfrist[61]. Einmalig zu bezahlende Nebenkosten werden beispielsweise regelmässig bei der Kurzvermietung von Ferienwohnungen vereinbart.

Der Vermieter sollte bei der Erstellung der Nebenkostenabrechnung im eigenen Interesse über alle im Mietvertrag ausgeschiedenen Nebenkostenpositionen vollständig abrechnen. Es kann zu Streitigkeiten führen, wenn der Vermieter dem Mieter übersehene bzw. «vergessene» Beträge erst im Nachhinein in Rechnung stellt. Der Vermieter belastet dem Mieter beispielsweise während Jahren keine Kabel-TV-Gebühren in der Nebenkostenabrechnung, obwohl diese im Mietvertrag als Nebenkosten vereinbart wurden. Vor allem problematisch ist es, wenn der Mieter die Unvollständigkeit der ihm seinerzeit zugestellten Abrechnung nicht erkennen konnte. Das ist z.B. der Fall, wenn der Vermieter über die Hauswartungskosten abgerechnet hat, es bei der Abrechnung jedoch unterlassen hat, die vom Hauswart angeschafften Reinigungsmittel zu verrechnen. Die deutsche Rechtsprechung geht in derartigen Fällen von der Verwirkung der Nachforderungen des Vermieters aus. Für nicht abgerechnete Perioden fällt eine Verwirkung allerdings stets ausser Betracht; dasselbe gilt für zukünftige Perioden[62]. Ist der Vermieter mit der Erstellung einer korrekten Nebenkostenabrechnung überfordert, sollte er eine Fachperson mit der Erstellung der Abrechnung beauftragen.

---

60 vgl. Higi, N 24 zu Art. 257a–257b; Botschaft, BBl 1985 I, S. 1483
61 vgl. Higi, N 35 zu Art. 257
62 vgl. z.B. WM 1996, 284; WM 1990, 85

Der Vermieter hat zu beachten, dass der Mieter eine Kündigung, die der Vermieter in Folge einer vom Mieter bestrittenen Nebenkostenabrechnung ausspricht, als rechtsmissbräuchlich anfechten kann. Eine Kündigung ist von Gesetzes wegen anfechtbar, wenn der Vermieter gekündigt hat, weil der Mieter nach Treu und Glauben Ansprüche aus dem Mietverhältnis geltend macht (Art. 271a Abs. 1 lit. a OR). Von Vergeltungskündigungen ist in jedem Fall dringend abzuraten. Der enge zeitliche Zusammenhang zwischen der Anfechtung der Nebenkostenabrechnung durch den Mieter und der Kündigung dürfte ohne weiteres dazu führen, dass die Schlichtungsbehörde von einer Rachekündigung ausgeht, wenn es dem Vermieter nicht gelingt, die Kündigung überzeugend zu begründen. Ein Mieter, der mit der Zahlung von Mietzinsen im Rückstand ist, kann sich selbstverständlich nicht mittels einer berechtigten Anfechtung der Nebenkostenabrechnung einer wegen Zahlungsverzug erfolgten Kündigung widersetzen.

10 Änderungen der Nebenkostenregelung

10.1 Verfahren

Beabsichtigt der Vermieter, die Zahlungsart oder die Zusammensetzung der Nebenkosten oder die Höhe der Nebenkostenpauschale bzw. des Akontobetrages zu ändern, hat er wie bei Mietzinserhöhungen vorzugehen (Art. 269d OR). Die Änderung ist dem Mieter auf dem kantonal genehmigten Mietzinserhöhungsformular mitzuteilen. Zudem hat der Vermieter die gesetzlichen oder vertraglichen Kündigungstermine und die entsprechenden Mitteilungsfristen zu beachten (Wohnungen: mindestens 3 Monate + 10 Tage; Geschäftsräume: mindestens 6 Monate + 10 Tage). Die Kündigungsfristen und die jeweils zehntägige Mitteilungsfrist sind zwingend einzuhalten, was bedeutet, dass das amtliche Formular vor Beginn dieser Fristen im Besitze des Mieters zu sein hat. Nicht auf dem kantonal genehmigten Formular mitgeteilte Vertragsänderungen, nicht begründete Vertragsänderungen und mit einer Kündigung bzw. deren Androhung verknüpfte Vertragsänderungen sind nichtig (Art. 269d Abs. 2 OR)[63]. Wegen dem Risiko der postalischen Zustellung (Abholfrist von 7 Tagen) ist es geboten, die Mitteilung jeweils zehn Tage vor Beginn der zehntägigen Mitteilungsfrist zu versenden. Aus Beweisgründen sind einseitige Vertragsänderungen (wie Mietzinserhöhungen) dem Mieter eingeschrieben zustellen zu lassen. Holt der Mieter eine eingeschriebene Sendung nicht innert der postalischen Abholfrist auf der Poststelle ab, gilt diese als rechtsgenügend zugestellt. Nach Ablauf der Abholfrist retourniert die Post die Sendung an den Absender. Dem Vermieter ist diesfalls zu empfehlen, die Sendung zu Beweiszwecken ungeöffnet aufzubewahren und dem Mieter eine Kopie des Mietzinserhöhungsformulars noch einmal mit nicht eingeschriebener Post zustellen zu lassen.

10.2 Ausscheidung neuer Nebenkosten

Der Vermieter kann neu entstandene Nebenkosten mittels des vorerwähnten Verfahrens ausscheiden. Zu denken ist etwa an den Fall, wo ein Mieter die ihm laut Mietvertrag obliegende Treppenhausreinigung nicht mehr besorgen möchte und der Vermieter sich bereit erklärt, ein Reinigungsinstitut mit dieser Aufgabe zu betrauen. Als weiteres Beispiel ist die Einführung des Kabelfernsehens während der Mietdauer zu nennen. Auf dieses Beispiel wird im Folgenden näher eingegangen, weil sich hier der Unterschied zwischen Mietzinserhöhung infolge wertvermehrender Investi-

---

63 vgl. 2. Teil, 17.7

tionen und Ausscheidung neuer Nebenkosten besonders gut aufzeigen lässt.

Entstehen dem Vermieter neue Nebenkosten, so kann er diese nur Mietern in einem unbefristeten Vertragsverhältnis überwälzen. Bei Mietverträgen mit fester Dauer lassen sich während deren Dauer grundsätzlich keine nicht bereits im Mietvertrag vereinbarten Nebenkosten ausscheiden, es sei denn, der Mieter ist mit einer gegenseitigen Vertragsänderung einverstanden. Einseitige Vertragsänderungen können dem Mieter stets nur auf einen für beide Parteien zur Verfügung stehenden Kündigungstermin hin mitgeteilt werden[64]. Ein befristeter Mietvertrag kann begriffsnotwendig nicht ordentlicherweise gekündigt werden.

10.2.1 Installation des Kabelfernsehens

10.2.1.1 Die Kosten eines Kabelanschlusses

Für die Höhe der Kosten eines Kabelanschlusses massgebend sind die Kostentarife des für den Anschluss zuständigen Kabelnetzbetreibers sowie die Aufwendungen des Vermieters für die Installation des Kabelfernsehens. Die Tarife sind direkt bei den zuständigen Kabelnetzbetreibern in Erfahrung zu bringen. Die liegenschaftsinterne Installation wird nicht vom Kabelnetzbetreiber durchgeführt, sondern ist vom Vermieter separat in Auftrag zu geben. Dieser wird damit in der Regel ein ortsansässiges Radio- und Fernsehgeschäft beauftragen. Gemäss Angaben der «Cablecom» ist bei einem Einfamilienhaus mit einem einmaligen Investitionsbeitrag von 1200 Franken (Basisangebot) bzw. 1350 Franken (Service Plus) zu rechnen (Kostenstand 2000). Die monatlichen Abonnementsgebühren belaufen sich für das Basisangebot pro Teilnehmer auf 22 Franken (bei Neuanschlüssen). Ein Service-Plus-Abonnement kostet zwei Franken mehr. Zusätzlich sind pro Teilnehmer und Monat folgende gesetzlichen Abgaben zu entrichten: Fr. 1.90 (Urheber- und Interpretenrechte), Fr. 0.10 (Konzessionsabgabe BAKOM). Sämtliche Preise verstehen sich exklusive Mehrwertsteuer (7,6 Prozent seit dem 1.1.2001).

10.2.1.2 Kabelanschlusskosten als wertvermehrende Investition

Die Verkabelung bzw. der störungsfreie Empfang möglichst vieler Fernseh- und Radioprogramme gilt in der heutigen Zeit grundsätzlich als Komfortsteigerung, auch wenn die Meinungen über den Sinn eines immer breiteren Angebots an Fernsehprogrammen geteilt sind. Trotzdem ist von einer Kom-

---

64 vgl. 10.1

fortsteigerung alleine aufgrund der effektiv gestiegenen Auswahlmöglichkeiten des Mieters – unabhängig von der Qualität der Programme – auszugehen. Die Komfortsteigerung ist zumindest in Landesgegenden unbestritten, in welchen ohne Verkabelung nur die drei Schweizer Fernsehprogramme DRS, TSR und TSI empfangen werden können. Der Vermieter hat daher in jedem Fall die Möglichkeit, die Kabelanschlusskosten (Installationskosten und einmalige Anschlussgebühren) als wertvermehrende Investition auf den Mietzins zu überwälzen. Der Vermieter wird sinnvollerweise vor der Vergebung eines entsprechenden Auftrages abklären, ob die Mehrheit der Mieter an einem Kabelanschluss überhaupt interessiert ist oder nicht. Hat eine Mehrheit Interesse daran, wird sich der nicht interessierte Mieter nicht darauf berufen können, für ihn stelle der Anschluss keinen Mehrwert dar. Der Mieter kann sich dabei weder auf weltanschauliche Gründe noch auf die Tatsache berufen, keinen Fernsehapparat zu besitzen. Entscheidend ist alleine, dass es sich um eine den Mietwert der Wohnung vermehrende Investition handelt, bei der es sich unbestrittenermassen um eine für den Mieter zumutbare Änderung der Mietsache im Sinne von Art. 260 Abs. 1 OR handelt. Unzumutbar sind nach der Lehre Luxusinstallationen. Die Frage, ob eine Investition luxuriös ist oder nicht, ist nach objektiven Gesichtspunkten zu beantworten[65]. Aufgrund vorstehender Ausführungen kann ein Kabelfernsehanschluss im heutigen Zeitalter der Medienvielfalt objektiv nicht als Luxus bezeichnet werden, unabhängig von der gegenteiligen subjektiven Ansicht eines Mieters. Dies gilt gleichermassen für das Stockwerkeigentumsrecht. Ein Stockwerkeigentümer kann sich der Installation des Kabelfernsehens nicht mit der Begründung widersetzen, es handle sich dabei um eine der Bequemlichkeit und Verschönerung der Sache dienende bauliche Massnahme im Sinne von Art. 647e Abs. 1 ZGB. Es braucht für die Installation des Kabelfernsehens somit keinen einstimmigen Beschluss der Stockwerkeigentümerversammlung.

Für die Überwälzung auf den Mietzins ist von den Kosten für den TV-Kabelanschluss inklusive Installation und Anschlussgebühren auszugehen. Da es sich um eine Neuinstallation handelt, ist von einem Mehrwert von 100 Prozent auszugehen. Bei einer Lebensdauer von 15 Jahren und einem Hypothekarzinssatz von 6 Prozent ergibt sich eine Annuität von 10,3 Prozent des Mehrwerts. Zuzüglich der Pauschale für Unterhalt, Verwaltung und Risiko von 1,0 Prozent beläuft sich die jährliche Mietzinserhöhung auf insgesamt 11,3 Prozent des Mehrwerts (Anmerkung: Der Hauseigentümerverband Schweiz vertreibt ein vierseitiges Faltblatt mit dem Titel «Mietzinserhöhungen aufgrund wertvermehrender Investitionen», in wel-

---

65 vgl. SVIT-Kommentar, N 26 zu Art. 260–260a

chem die entsprechenden Zahlen auch für andere wertvermehrende Investitionen zusammengestellt sind.). Der Vermieter muss die entsprechende Mietzinserhöhung wie jede Mietzinserhöhung dem Mieter auf dem amtlichen kantonalen Formular unter Beachtung von Kündigungstermin, Kündigungsfrist und 10-tägiger Mitteilungsfrist mitteilen (Art. 269d OR).

Im Normalfall schliesst der Kabelnetzbetreiber die entsprechenden Verträge jeweils mit dem Vermieter ab. Mit den Mietern werden von grossen Kabelnetzbetreibern keine Einzelverträge abgeschlossen, weil das Einzelabonnementensystem zu einem unverhältnismässig hohen Verwaltungsaufwand führen würde, was eine massive Verteuerung der Betriebsgebühren zur Folge hätte. Aus diesem Grunde werden auch die monatlichen Betriebsgebühren (einschliesslich Urheberrechts- und BAKOM-Gebühren) direkt beim Vermieter und nicht beim Mieter erhoben.

Gemäss Art. 41 Abs. 3 lit. a des Radio- und Fernsehgesetzes (RTVG) dürfen dem Mieter keine Abonnementsgebühren verrechnet werden, wenn ein Mieter oder Pächter einen Neuanschluss – Anschluss, der während der Dauer eines Mietverhältnisses installiert wird – von Anfang an nicht benützen will. Gemäss Art. 41 Abs. 3 lit. b RTVG dürfen zudem keine Abonnementsgebühren erhoben werden, wenn der Anschluss gekündigt wird. Es ist unbestritten, dass der Mieter sich direkt auf diese Bestimmungen berufen kann und bei Abgabe entsprechender Willenserklärungen nicht mehr zur Zahlung von Abonnementsgebühren verpflichtet ist. Die Frage, wer für die Kosten einer allfälligen Versiegelung (Plombierung) des Anschlusses aufzukommen hat, wird vom RTVG offen gelassen. In der Regel wird der Kabelnetzbetreiber für die Kosten aufkommen. Allerdings sind anderslautende vertragliche Vereinbarungen zwischen Kabelnetzbetreiber und Vermieter möglich.

Ist der Vermieter gemäss Vertrag mit dem Kabelnetzbetreiber zur Kostenübernahme von Versiegelungen verpflichtet, kann er die entsprechenden Kosten in denjenigen Fällen ohne weiteres auf den Mieter abwälzen, in denen der Mieter während eines laufenden Mietverhältnisses auf die Benutzung des Kabelanschlusses verzichtet. Der Mieter muss als vernünftiger und korrekter Vertragspartner davon ausgehen, dass der Kabelnetzbetreiber gegenüber dem Vermieter auf einer Versiegelung des Anschlusses beharrt, um möglichen Missbräuchen vorzubeugen. Da mittels der Versiegelung Missbräuche auf einfache Art und Weise verhindert werden können, ist es gerechtfertigt, die Versiegelung in jedem Fall zu verlangen, d.h. selbst dann, wenn keine konkreten Indizien vorliegen, dass ein Mieter den nicht plombierten Anschluss tatsächlich missbräuchlich zu benützen gedenkt. Da durch die Kündigung des Kabelanschlusses durch den Mieter die Kosten der Versiegelung ausgelöst werden, muss der Mieter dafür aufkommen.

Verzichtet der Mieter von Anfang an auf die Benützung des Kabelanschlusses und teilt dies dem Vermieter vor Abschluss des Mietvertrages ausdrücklich mit, dann kann der Vermieter die Kosten für die Versiegelung dem Mieter allerdings nur dann in Rechnung stellen, wenn dies im Mietvertrag ausdrücklich vereinbart wurde. Ohne entsprechende Vereinbarung muss der Vermieter die Kosten für die Versiegelung übernehmen, weil diesfalls der Mieter aufgrund seines ausdrücklich mitgeteilten Verzichts auf einen Kabelanschluss davon ausgehen kann, der Vermieter vermiete ihm eine Wohnung ohne Kabelanschluss bzw. eine Wohnung mit bereits versiegeltem Anschluss.

10.2.1.3 Betriebs- und Urheberrechtsgebühren als neue Nebenkosten

Wird eine Mietwohnung während der Mietdauer neu an das Kabelfernsehen angeschlossen, so ist der Vermieter berechtigt, die ihm vom Kabelnetzbetreiber in Rechnung gestellten Betriebs- und Urheberrechtsgebühren Mietern mit einem unbefristeten Mietverhältnis als neue Nebenkosten zu überwälzen[66]. Für die Überwälzung neuer Nebenkosten hat der Vermieter wie bei Mietzinserhöhungen vorzugehen, weil es sich um eine einseitige Vertragsänderung handelt (Art. 269d OR)[67]. Es ist zu empfehlen, die entsprechenden Gebühren wegen der steigenden Tendenz der Urheberrechtsgebühren als Nebenkosten in Form von Akontozahlungen auszuscheiden. Der Mieter bezahlt diesfalls stets die tatsächlichen Kosten. Derjenige Vermieter, der die Betriebs- und Urheberrechtsgebühren in den Mietzins einkalkuliert, kann bei steigenden Gebühren den Nettomietzins mit der Begründung allgemeiner Kostensteigerungen erhöhen. Im Kanton Zürich ist eine Kostensteigerungspauschale von einem Prozent üblich[68].

10.3 Ausscheidung bisher im Mietzins inbegriffener Nebenkosten

Auch bisher im Mietzins inbegriffene Betriebskosten können grundsätzlich neu als Nebenkosten ausgeschieden werden, vorausgesetzt allerdings, der Nettomietzins wird gleichzeitig um denselben Betrag reduziert. Bei der Festlegung der Akonto- bzw. Pauschalzahlungen für die neu ausgeschiedenen Nebenkosten ist auf den Durchschnittswert der letzten drei Jahresabrechnungen abzustellen. Der Nettomietzins ist im selben Ausmass zu reduzieren. Ohne entsprechende Reduktion des Nettomietzinses würde die Ausscheidung von bisher bereits angefallenen Aufwendungen als Neben-

---

66 vgl. 10.2
67 vgl. 10.1
68 vgl. 10.3 am Ende

kosten zu einer verdeckten Mietzinserhöhung führen, was unzulässig ist. Dies ist beispielsweise der Fall, wenn ein Vermieter, der bis anhin die Hauswartung selber besorgte, eine Drittperson mit dieser Aufgabe betraut. Der Mieter kann sich nämlich nach Treu und Glauben darauf verlassen, dass zum Zeitpunkt des Vertragsabschlusses bereits bekannte, aber nicht separat als Nebenkosten ausgeschiedene Aufwendungen des Vermieters durch den vereinbarten Mietzins abgegolten sind. Besorgt ein Vermieter die Hauswartung selber, darf der Mieter davon ausgehen, dass dies nicht kostenlos geschieht und bei der Mietzinskalkulation berücksichtigt wurde. Macht der Vermieter geltend, er habe die Hauswartung hobbymässig besorgt (ohne dafür bei der Mietzinskalkulation einen fiktiven Lohn eingesetzt zu haben), ist er dafür beweispflichtig. Eine ungenügende Ertragslage lässt sich also nicht etwa durch die Ausscheidung bereits bestehender Nebenkosten unter Beibehaltung des zu Beginn des Mietverhältnisses vereinbarten Mietzinses verbessern.

Bei der Begründung der Ausscheidung bisher im Mietzins enthaltener Nebenkosten muss der Vermieter aufgrund der bundesgerichtlichen Rechtsprechung mit äusserster Sorgfalt vorgehen, ansonsten er die Nichtigkeit der Nebenkostenausscheidung riskiert. In einem Entscheid vom 23. August 1999 erklärte das Bundesgericht die Einführung einer Betriebskostenabrechnung in einem laufenden Mietverhältnis für nichtig, weil es an einer für den Mieter klaren und verständlichen Begründung fehle[69]. Demnach sei nicht nur eine fehlende Begründung, sondern auch eine unklare bzw. unverständliche Begründung nichtig. Der Mieter müsse sich ein Bild über die Tragweite und die Berechtigung der Mietzinserhöhung oder einer anderen einseitigen Vertragsänderung machen können. Nur so könne der Mieter entscheiden, ob er Einsprache erheben wolle oder nicht[70].

Gemäss bundesgerichtlicher Rechtsprechung müsste eine rechtsgenügende Begründung einer Nebenkostenausgliederung folgende Punkte enthalten:
- Genaue und detaillierte Umschreibung derjenigen Betriebskosten, welche neu aus dem Nettomietzins ausgeschieden werden.
- Bezeichnung der Beträge als Pauschal-/Akontozahlung.
- Information des Mieters darüber, welche bisherigen Kosten den neu auszuscheidenden Betriebskosten entsprechen.
- Begründung, wieso eine Betriebskostenabrechnung eingeführt wird.

Der Mieter muss aufgrund der Begründung des Vermieters beurteilen können, ob die Ausscheidung bisher im Mietzins enthaltener Nebenkosten im Ergebnis nicht zu einer verdeckten Mietzinserhöhung führt.

---

69 vgl. MRA 3/2000, S. 301 ff.
70 so bereits BGE 118 II 130 ff.; 121 III 6 ff.

Die vom Bundesgericht gestellten Anforderungen an die Einführung einer Betriebskostenabrechnung sind aus der Sicht eines nicht professionellen Vermieters doch recht weitführend. Es ist stossend, dass die bundesgerichtliche Rechtsprechung die Bewirtschaftung einer Liegenschaft derart verkompliziert. Es ist zudem mehr als fragwürdig, wenn das Bundesgericht ungenügend begründete Mietzinsanpassungen und andere einseitige Vertragsänderungen als nichtig erklärt, obwohl das Gesetz die Nichtigkeitsfolge ausdrücklich nur bei fehlender Begründung vorsieht.

Die Ausscheidung bereits bestehender Nebenkosten kann für den Vermieter den Vorteil haben, dass er steigende Kosten – beispielsweise steigende Abwassergebühren – in der Zukunft in deren effektiver Höhe dem Mieter belasten kann. Will der Vermieter aufgrund steigender Betriebs- und Unterhaltskosten den Nettomietzins nach oben anpassen, so hat er aufgrund der Praxis der Schlichtungsbehörden in gewissen Kantonen die Möglichkeit, jährlich eine Kostensteigerungspauschale von 0,5 bis 1 Prozent (je nach Kanton) auf den Mietzins zu überwälzen. In denjenigen Kantonen, die keine Pauschale kennen, ist für die Festlegung der gestiegenen Betriebs- und Unterhaltskosten die durchschnittliche Belastung von drei Jahren vor der letzten Mietzinsanpassung und diejenige über einen gleichen Zeitraum vor der beabsichtigten Mietzinsanpassung zu berechnen[71]. Der Nettomietzins ist immer Ausgangsbasis für eine Mietzinsanpassung zufolge gestiegener Betriebs- und Unterhaltskosten.

10.4 Nebenkosten und Mehrwertsteuer (MWSt)

Auf den 1. Januar 1995 ist in der Schweiz der Systemwechsel von der bisherigen Warenumsatzsteuer (WUSt) zur Mehrwertsteuer (MWSt) vollzogen worden. Die Mehrwertsteuer bezweckt eine umfassende Besteuerung des Konsums. Allerdings wurden in der am 1. Januar 1995 in Kraft getretenen Mehrwertsteuerverordnung (MWSTV) vom 22. Juni 1994 aus teilweise sozialpolitisch motivierten Gründen mehrere Dienstleistungen von der Mehrwertsteuerpflicht ausgenommen. Zu diesen Ausnahmen zählen die Erlöse aus dem Verkauf, der Vermietung und Verpachtung von Grundeigentum (Art. 14 Ziff. 16, 17 MWSTV). Diese Ausnahmen wurden im Wesentlichen vom neuen Bundesgesetz über die Mehrwertsteuer übernommen, welches seit dem 1. Januar 2001 in Kraft ist (Art. 18 Ziff. 20 und 21 MWSTG). Die Mietzinseinnahmen sind somit grundsätzlich von der Steuerpflicht befreit. Die Mehrwertsteuer wird aber indirekt zu einer Erhöhung der Nettomietzinse führen, weil sie sich im Landesindex der Konsumentenpreise niederschlägt, dessen Steigerung je nach Mietverhältnis in

---

71 vgl. BGE 106 II 362; BGE 111 II 378

unterschiedlicher Höhe auf den Mietzins überwälzt werden kann (Art. 16 VMWG i.V.m. Art. 269a lit. e OR; Art. 17 VMWG i.V.m. Art. 269b OR). Ferner unterliegen die Betriebs- und Unterhaltskosten der Mehrwertsteuer, die zusammen erfahrungsgemäss etwa 30 Prozent des Nettomietzinses ausmachen (inklusive Amortisationen und Rückstellungen), was ebenfalls zu einer Verteuerung der Mieten führen dürfte. Vermieter von Geschäftsräumen haben die Möglichkeit, für eine freiwillige Unterstellung unter die Mehrwertsteuerpflicht zu optieren (Art. 26 MWSTG). Die Optierung für die freiwillige Unterstellung setzt kumulativ voraus, dass das Mietobjekt dem Mieter ganz oder teilweise der gewerblichen oder geschäftlichen Nutzung im Rahmen seiner steuerbaren Tätigkeit dient und der Mieter tatsächlich mehrwertsteuerpflichtig ist. Nicht der Mehrwertsteuer unterstellt sind Geschäftsmieter, die den Mindestumsatz von 75'000 Franken nicht erreichen (Art. 21 MWSTG) oder von der Mehrwertsteuerpflicht ausgenommen sind (z.B. Ärzte, Zahnärzte). Ist der Geschäftsmieter mehrwertsteuerpflichtig und optiert der Vermieter für die Unterstellung, so kann der Erstere einen Vorsteuerabzug geltend machen (Art. 38 ff. MWSTG).

Im Gegensatz zu den Mietzinsen unterliegen die Nebenkosten der Steuerpflicht. So hat der Vermieter z.B. beim Einkauf von Heizöl 7,6 Prozent Mehrwertsteuer zu bezahlen (Stand Januar 2001). Sind die betroffenen Nebenkosten im Mietvertrag in Form von Akontozahlungen ausgeschieden worden, so können die durch die Mehrwertsteuer bedingten höheren Kosten bei der kommenden Abrechnung auf den Mieter überwälzt werden. Der Vermieter wird in der Heiz- und Warmwasserkostenabrechnung also die von ihm auf den Energieträgern bezahlte Mehrwertsteuer dem Mieter weiterverrechnen, ohne dass dies dem Mieter auf dem amtlichen Formular mitgeteilt werden müsste. Die soeben aufgezeigte Möglichkeit entfällt, wenn Nebenkosten in Form einer Pauschale erhoben oder im Mietzins inbegriffen sind. Will der Vermieter eine Nebenkostenpauschale erhöhen, so muss er auf die Durchschnittswerte dreier Jahre abstellen (Art. 4 Abs. 2 VMWG) und dem Mieter eine entsprechende Erhöhung wie eine Mietzinserhöhung auf dem kantonal genehmigten Mietzinsanpassungsformular unter Beachtung der Verfahrensvorschriften mitteilen (Art. 269d OR)[72]. Die Überwälzung der Mehrwertsteuer bzw. eines höheren Ansatzes wird sich diesfalls oft nur verzögert realisieren lassen. Bei Mietverhältnissen, bei denen die Nebenkosten im Mietzins inbegriffen sind, bleibt es dem Vermieter selbstverständlich unbenommen, aufgrund der tatsächlichen Preissteigerung eine Mietzinserhöhung vorzunehmen, wobei zu beachten ist, dass nicht alle Nebenkosten von der Einführung der Mehrwertsteuer glei-

---

72 vgl. 10.1

chermassen berührt werden. Dasselbe gilt für die Betriebs- und Unterhaltskosten, die ebenfalls der Mehrwertsteuer unterliegen. Es können daher keine allgemeinverbindlichen Angaben darüber gemacht werden, um wie viel die Mehrwertsteuer die Mietzinsen verteuern wird. Der Vermieter muss in der Lage sein, eine allfällige Mietzinserhöhung zu begründen und zu belegen.

Unter Umständen kann sich auch eine Ausscheidung bisheriger im Mietzins eingeschlossener Nebenkosten (z.B. die Heiz- und Warmwasserkosten) aufdrängen, um dem Mieter inskünftig die tatsächlich anfallenden Kosten (inklusive MWSt) direkt belasten zu können. Bei den Heiz- und Warmwasserkosten fällt besonders ins Gewicht, dass die Lieferungen von Heizöl, Gas, Elektrizität und Warmwasser sowie die Dienstleistungen des Kaminfegers der Mehrwertsteuer unterliegen. Diese Leistungen waren früher steuerfrei. Aufgrund der Mehrwertsteuerpflicht ist es ratsam, die Heiz- und Warmwasserkosten, sofern möglich, stets als Nebenkosten nebst dem Nettomietzins auszuscheiden[73]. Der Vermieter hat nach den Verfahrensregeln betreffend einseitiger Vertragsänderungen vorzugehen (Art. 269d OR)[74].

11 Verrechnung des Verwaltungsaufwands

Die Revision der bundesrätlichen Verordnung über die Miete und Pacht von Wohn- und Geschäftsräumen (VMWG) vom 26. Juni 1996 (in Kraft seit dem 1. August 1996) hat bezüglich der Frage, ob die Verrechnung einer Verwaltungspauschale bei allen abgerechneten Nebenkostenpositionen oder ausschliesslich bei der Heizungs- und Warmwasserkostenabrechnung zulässig sei, Klarheit geschaffen.

Weil die Verordnung in der ursprünglichen Fassung vom 9. Mai 1990 in Art. 5 Abs. 2 lit. i ausdrücklich festgehalten hatte, dass die Verwaltungsarbeit, die mit dem Betrieb der Heizungsanlage zusammenhängt, als Heizungs- und Warmwasserkosten anrechenbar ist, sich aber bezüglich der bei den anderen Nebenkostenpositionen anfallenden Verwaltungskosten ausschwieg, war teilweise in unhaltbarer Weise davon ausgegangen worden, es sei unzulässig, bei den letzteren Kosten eine Verwaltungspauschale zu verrechnen. Das Gesetz schreibt dem Vermieter vor, dem Mieter nur die tatsächlich anfallenden Aufwendungen als Nebenkosten zu verrechnen (Art. 257b Abs. 1 OR). Zu den tatsächlichen Aufwendungen gehört nun

73 vgl. auch 5.6
74 vgl. 10.1

aber unbestreitbar auch der Verwaltungsaufwand des Vermieters, der sich nicht auf die Heizungs- und Warmwasserkosten allein beschränkt. Hätte der Gesetzgeber dem Vermieter die Geltendmachung des Verwaltungsaufwands bei der Abrechnung sämtlicher übriger Nebenkosten verwehren wollen, hätte er dies im Gesetzestext ausdrücklich festhalten müssen. Eine ausdrückliche Bestimmung dieser Art in der Verordnung wäre bedeutungslos gewesen, weil nicht gesetzeskonform.

Die Tatsache, dass jede Abrechnung mit Verwaltungsaufwand verbunden ist und es sich dabei durchaus um tatsächliche Kosten im Sinne von Art. 257b Abs. 1 OR handelt, ist bei der Verordnungsrevision offenbar zur Kenntnis genommen worden. Art. 4 Abs. 3 VMWG (neu) hält ausdrücklich fest, dass die für die Erstellung der Abrechnung entstehenden Verwaltungskosten nach Aufwand oder im Rahmen der üblichen Ansätze angerechnet werden dürfen.

Der Vermieter kann weiterhin nur in denjenigen Fällen eine Verwaltungspauschale beanspruchen, wo über die einzelne Nebenkostenposition jährlich abgerechnet wird. Dies setzt die mietvertragliche Ausscheidung einer Nebenkostenposition und die Vereinbarung von Akontozahlungen voraus. Ist für eine Nebenkostenposition, etwa für die Hauswartungskosten oder die Treppenhausreinigungskosten, eine monatliche Pauschalzahlung vereinbart worden, beinhaltet diese Pauschale begriffsnotwendig auch die Verwaltungskosten. Sind gar keine Nebenkosten ausgeschieden worden, so kann dem Mieter ebenfalls kein Verwaltungsaufwand in Rechnung gestellt werden. Sind die Heiz- und Warmwasserkosten im Mietzins inbegriffen oder als Pauschale vereinbart worden, kann der Vermieter dem Mieter ebenfalls keinen diesbezüglichen Verwaltungsaufwand belasten. Im erstgenannten Fall kann der Mieter davon ausgehen, dass das Verwaltungshonorar im Mietzins enthalten ist, im letzteren Fall ist der Verwaltungsaufwand durch die Pauschalzahlung abgegolten. Schliesslich ist es unzulässig, den Verwaltungsaufwand für nicht ausgeschiedene Nebenkosten in der Heiz- und Warmwasserkostenabrechnung auf den Mieter zu überwälzen. In dieser Abrechnung darf nur der Verwaltungsaufwand bezüglich der Heiz- und Warmwasserkosten berücksichtigt werden.

Gemäss Art. 5 Abs. 3 VMWG dürfen die Verwaltungskosten für Heiz- und Warmwasserkosten nach Aufwand oder im Rahmen der üblichen Ansätze angerechnet werden. Es ist somit angemessen, die für die Verwaltungskosten für Warmwasser- und Heizkosten geltenden üblichen Ansätze auch bei den übrigen Nebenkosten anzuwenden[75].

---

75 vgl. zur Höhe der Verwaltungspauschale 2. Teil, 9.10

12 «Nebenkosten» im Stockwerkeigentum

Dem Begriff «Nebenkosten» kommt im Stockwerkeigentumsrecht nicht die gleiche Bedeutung zu wie im Mietrecht. Da es sich bei den Stockwerkeigentümern – wie es schon der Name sagt – um Eigentümer handelt, fällt die Unterscheidung zwischen nebenkostenfähigen und nichtnebenkostenfähigen Aufwendungen dahin. Der Stockwerkeigentümer hat sich anteilmässig nicht nur an den Betriebskosten, sondern auch an den Unterhaltskosten zu beteiligen. Im Bereich des Stockwerkeigentums wird daher besser von gemeinschaftlichen Kosten und Lasten gesprochen, wobei dieser Begriff über die in einem Mietvertrag ausscheidungsfähigen Nebenkosten hinausgeht.

Gemäss Art. 712h Abs. 1 ZGB haben die Stockwerkeigentümer an die Lasten des gemeinschaftlichen Eigentums und an die Kosten der gemeinschaftlichen Verwaltung Beiträge nach Massgabe ihrer Wertquote zu leisten. Diese Bestimmung ist dispositiver Natur, d.h. die Stockwerkeigentümer können im Reglement bezüglich der Kostenverteilung eine vom Gesetz abweichende Regelung vorsehen. Abweichungen vom Grundsatz der quotenproportionalen Kostenverteilung sollten allerdings nur dann erwogen werden, wenn diese Art der Verteilung zu offensichtlichen Unbilligkeiten führen würde[76]. Ein weiterer Grund für eine Abweichung kann sich aus staatlichen Vorschriften ergeben. Als Beispiel sei auf die verbrauchsabhängige Heizkostenabrechnung (VHKA) hingewiesen, welche auch für Stockwerkeinheiten mit mindestens fünf Wärmebezügern Geltung hat[77]. Eine komplizierte Kostenverteilung ist in aller Regel zeitaufwendiger und führt zwangsläufig zu höheren Verwaltungskosten. Auf Abweichungen von untergeordneter Bedeutung kann schon deshalb verzichtet werden, weil sich diese oft gegenseitig kompensieren. Eine verminderte Benutzung des Liftes durch in den unteren Etagen wohnende Stockwerkeigentümer wird beispielsweise durch deren stärkere Benutzung der Gartenanlage kompensiert[78].

Die in Art. 712h Abs. 3 ZGB statuierte Schranke, wonach bei der Kostenverteilung zu berücksichtigen ist, dass bestimmte gemeinschaftliche Bauteile, Anlagen oder Einrichtungen einzelnen Stockwerkeigentümern nicht oder nur in ganz geringem Masse dienen, ist dagegen zwingend und daher in jedem Fall zu beachten. Der einzelne Stockwerkeigentümer kann sich allerdings der Beitragszahlung nur entziehen, wenn die Nichtbenutzung gemeinschaftlicher Räume, Anlagen oder Einrichtungen auf objektive Grün-

---

76 vgl. Hanspeter Friedrich, Das Stockwerkeigentum, 2. Auflage, Zürich 1972, S. 96
77 vgl. 2. Teil, 16
78 vgl. Friedrich, a.a.O., S. 97

de zurückzuführen ist. Daraus geht hervor, dass eine Sonderlösung nicht schon dann verlangt werden kann, wenn die Nichtbenutzung subjektive Gründe hat. Verzichtet ein Stockwerkeigentümer beispielsweise aus gesundheitlichen Gründen auf die Liftbenutzung, hat er entsprechende Beiträge an den Lift zu leisten, weil dessen Nichtbenutzung auf dem subjektiven Entscheid des Stockwerkeigentümers beruht[79]. Ebenso wenig kann sich derjenige Eigentümer der anteilmässigen Kostenbeteiligung an der gemeinschaftlichen Waschmaschine entziehen, der für seine Wohnung eine separate Waschmaschine anschafft.

In gewissen Fällen kann die quotenproportionale Verteilung – wie bereits erwähnt – in sachlicher Hinsicht zu unbefriedigenden Resultaten führen, weshalb sich eine abweichende Regelung im Reglement aufdrängen kann. Dies trifft vor allem bei den Verbrauchskosten zu. So dürfte es sinnvoll sein, den Stockwerkeigentümern die Heiz- und Warmwasserkosten nach effektivem Verbrauch zu belasten (Energiezähler). Nach Einführung der verbrauchsabhängigen Heizkostenabrechnung (VHKA) ist eine Abrechnung der Heizkosten nach dem tatsächlichen Verbrauch unter Umständen sogar zwingend, je nach Anzahl der an eine zentrale Heizungs- und Warmwasseraufbereitungsanlage angeschlossenen Stockwerkeinheiten.

Über die Kostenverteilung im Allgemeinen und über die Änderung des gesetzlichen Verteilschlüssels gemäss Art. 712h Abs. 1 ZGB wird von der Stockwerkeigentümerversammlung entschieden (Art. 712m Abs. 1 Ziff. 4 ZGB). Sofern das Reglement keine abweichende Regelung vorsieht, erfolgt der entsprechende Beschluss mit einfachem Mehr der an der Versammlung anwesenden Stockwerkeigentümer. Ist der Verteilschlüssel allerdings im Reglement festgelegt, bedarf es zu dessen Abänderung einer qualifizierten Mehrheit nach Köpfen und Anteilen (Art. 712g Abs. 3 ZGB). Drängt sich aufgrund der konkreten Sachlage eine Änderung des gesetzlichen oder im Reglement festgelegten Verteilschlüssels auf, kann der Richter die Beitragshöhe und den entsprechenden neuen Verteilschlüsel festsetzen, falls wegen des gegebenen Stimmenverhältnisses kein Beschluss der Stockwerkeigentümerversammlung zustande kommt[80]. Diese Bestimmung wäre beispielsweise anwendbar, wenn sich für den Wechsel von der bisherigen Heizkostenverteilung gemäss Wertquoten zur verbrauchsabhängigen Abrechnung gemäss VHKA in der Stockwerkeigentümerversammlung keine Mehrheit fände.

Die Vorwegbelastung eines einzelnen Stockwerkeigentümers ist von der Abänderung des gesetzlichen Verteilschlüssels zu unterscheiden. Kosten,

---

[79] vgl. Meier-Hayoz/Rey, Berner Kommentar, Bern 1988, ZGB 712h N 25
[80] vgl. Meier-Hayoz/Rey, ZGB 712h N 27

die ein Eigentümer ausschliesslich alleine verursacht, sind von der gemeinschaftlichen Kosten- und Lastentragung ausgeschlossen und werden diesem separat belastet. Beispiele dafür sind erhöhte Reinigungskosten wegen häufigen Kundenempfangs oder zusätzliche Stromkosten für ein Geschäft[81].

13 «Nebenkosten» bei der Nutzniessung

Gemäss Art. 745 ZGB kann an einem Grundstück eine Nutzniessung bestellt werden, welche dem Nutzniessungsberechtigten, wo es nicht anders bestimmt ist, den vollen Genuss des Grundstückes verleiht. Die Nutzniessung stellt ein rein persönliches Recht dar, welches nicht auf eine andere Person übertragen werden kann. Im Gegensatz zum Wohnrecht kann allerdings deren Ausübung einer Drittperson erlaubt werden[82]. Zu beachten ist, dass eine Nutzniessung nicht an einem Gebäudeteil möglich ist, es sei denn, es handle sich dabei um eine zu Sonderrecht ausgeschiedene Stockwerkseinheit. Eine Sonderstellung kommt der in Art. 473 ZGB geregelten erbrechtlichen Nutzniessung zu. Nebst den Regeln der sachenrechtlichen Nutzniessung finden auch bestimmte erbrechtliche Sonderregeln Anwendung. Hinsichtlich des Grundstücks steht dem Nutzniessungsberechtigten bloss der volle Genuss, nicht aber die tatsächliche und rechtliche Verfügungsgewalt zu (Art. 768 f. ZGB). In Bezug auf die Nutzniessung an einer Eigentumswohnung regelt Art. 712o Abs. 2 ZGB das Stimmrecht des Eigentümers und des Nutzniessers in der Stockwerkeigentümerversammlung. Der Eigentümer kann sich gegen jeden widerrechtlichen oder der Sache nicht angemessenen Gebrauch zur Wehr setzen (Art. 759 ZGB).

Der Nutzniessungsberechtigte hat das Grundstück (Haus oder Eigentumswohnung) in seinem Bestande zu erhalten und Ausbesserungen und Erneuerungen, die zum gewöhnlichen Unterhalt gehören, von sich aus vorzunehmen (Art. 764 Abs. 1 ZGB). Der Nutzniessungsberechtigte trägt die Kosten für den gewöhnlichen Unterhalt und die Bewirtschaftung der Sache, die Zinsen für die darauf haftenden Kapitalschulden sowie die Steuern und Abgaben im Verhältnis zur Dauer seiner Berechtigung. Werden die Steuern und Abgaben beim Eigentümer erhoben, so hat ihm der Nutzniesser in dem gleichen Umfange Ersatz zu leisten (Art. 765 Abs. 1 und 2 ZGB). Alle anderen Lasten trägt der Eigentümer. Dieser darf aber Gegenstände der

---

81 vgl. Meier-Hayoz/Rey, ZGB 712h N 26
82 vgl. Tuor/Schnyder/Schmid, Das Schweizerische Zivilgesetzbuch, 11. Auflage, Zürich 1995, S. 788

Nutzniessung hiefür verwenden, falls der Nutzniessungsberechtigte ihm auf Verlangen die nötigen Geldmittel nicht unentgeltlich vorschiesst (Art. 765 Abs. 3 ZGB). Neben den Kosten des gewöhnlichen Unterhalts, den Objektsteuern, Abgaben und Hypothekarzinsen hat der Nutzniessungsberechtigte auch ohne besondere Vereinbarung für alle Nebenkosten aufzukommen, die sich aus dem Gebrauch der Sache ergeben (Heiz- und Warmwasserkosten, Kosten für Beleuchtung, für die Hauswartung bei Stockwerkeigentum, für die Schneeräumungskosten bei Stockwerkeigentum etc.).

14   «Nebenkosten» im Wohnrecht

Das Recht, in einem Haus oder in einem Raum desselben zu wohnen, wird zumeist durch den Abschluss eines Mietvertrages begründet und hat dann nur obligatorischen Charakter. Durch die Vormerkung des Mietvertrages im Grundbuch wird dieser auch Drittpersonen gegenüber wirksam, erhält also dingliche Wirkung (Art. 261 OR). Ein Wohnrecht lässt sich aber auch als ein eigentliches dingliches Recht im Sinne der Art. 776 ff. ZGB begründen. Das Wohnrecht kann nur einer natürlichen Person zustehen und ist als höchstpersönliches Recht absolut unübertragbar (Art. 776 Abs. 1 ZGB). Beim Wohnrecht ist zu beachten, dass die Entgeltlichkeit – im Gegensatz zur Miete – nicht begriffsnotwendig ist. Eine Zinszahlungspflicht für den Wohnberechtigten besteht nur, sofern sie vertraglich vereinbart wurde. Die Zinszahlungspflicht gilt nur dem Eigentümer gegenüber, mit welchem sie vereinbart wurde[83].

Da sich Miete und Wohnrecht hauptsächlich dadurch voneinander unterscheiden, dass jene auf einem obligatorischen, dieses auf einem dinglichen Rechtsverhältnis beruht[84], können die Regeln des Mietrechts auch beim Wohnrecht herangezogen werden[85].

Gemäss Art. 778 Abs. 1 ZGB trägt der Wohnrechtsberechtigte die Lasten des «gewöhnlichen» Unterhaltes des von ihm ausschliesslich benutzten Gebäudes bzw. der von ihm ausschliesslich benutzten Räumlichkeiten. Die Unterhaltpflicht des Wohnrechtsberechtigten entspricht – mangels anderer Abrede – jener des Nutzniessers gemäss Art. 764 Abs. 1 ZGB. Der Wohnrechtsberechtigte hat somit nicht nur das Gebäude bzw. die Wohnung

---

83   vgl. Marx Heinz, Das dingliche Wohnrecht, Europäische Hochschulschriften, Band 28, Bern 1970, S. 30
84   vgl. BGE 88 II 340
85   vgl. Tuor/Schnyder/Schmid, a.a.O., S. 795

im Bestande zu erhalten und Ausbesserungen und Erneuerungen, die zum gewöhnlichen Unterhalt gehören, von sich aus vorzunehmen. Der gewöhnliche Unterhalt geht dabei über das hinaus, was Mieter unter dem Titel «kleiner Unterhalt» zu begleichen haben, muss doch der Wohnrechtsberechtigte den ordentlichen Unterhalt gewährleisten, wie ihn ein vernünftig wirtschaftender Eigentümer besorgen würde. Zu diesen Unterhaltsarbeiten werden in der Literatur die Ersetzung zerbrochener Fenster, Reinigungsarbeiten, der Unterhalt von Wegen, Zäunen und Wasserleitungen, die Reparatur schadhafter Stellen des Daches, der Farbanstrich von Wänden, die Reparatur von Schlössern, die Wartung von Maschinen und Apparaten sowie die Gartenpflege genannt. Beim Gebäudeunterhalt wird zudem von einzelnen Autoren die Meinung vertreten, dass der Nutzniesser bzw. der Wohnrechtsberechtigte anteilmässig – unter Berücksichtigung der Amortisation – auch an kostspielige Unterhaltsarbeiten beizutragen hat (z.B. Erneuerung des Verputzes, der elektrischen Anlagen, Ersatz des Heizkessels etc.)[86]. Es lohnt sich auf jeden Fall, zwecks Vermeidung von Streitigkeiten zu vereinbaren, was für Unterhaltsarbeiten der Wohnrechtsberechtigte zu besorgen hat. Die Unterhaltskosten sind vom Wohnrechtsberechtigten unabhängig davon zu bezahlen, ob das Wohnrecht entgeltlich oder unentgeltlich eingeräumt wurde, es sei denn, es sei eine ausdrückliche Befreiung vereinbart worden. Werden Räumlichkeiten vom Wohnrechtsberechtigten nur mitbenutzt, unterliegt deren Unterhalt mangels anderer Vereinbarung dem Eigentümer. Darüber hinaus hat der Wohnrechtsberechtigte auch ohne besondere Vereinbarung für Nebenkosten wie Heiz- und Warmwasserkosten, Beleuchtungskosten, Schneeräumungskosten etc. aufzukommen, die sich aus dem Gebrauch der Sache ergeben[87]. Dies gilt auch dann, wenn er einen Wohnrechtszins bezahlt. Für die entsprechenden Kosten von nur mitbenutzten Räumen hat dagegen der Eigentümer aufzukommen. Im Gegensatz zum Nutzniesser hat der Wohnrechtsberechtigte hingegen nicht für Objektsteuern, Hypothekarzinsen und sonstige Abgaben und Lasten aufzukommen[88].

86 vgl. Max Baumann, Kommentar zu Art. 745–778 ZGB, Zürcher Kommentar, Zürich 1999, N 9ff. zu Art 778, N 6ff. zu Art 764–765
87 vgl. Heinz, a.a.O., S. 75 f.
88 vgl. BGE 52 II 124 ff.

2. Teil **Heiz- und Warmwasserkosten im Besonderen**

1 Einleitung

Heiz- und Warmwasserkosten sind Nebenkosten im Sinne von Art. 257a Abs. 1 und Art. 257b Abs. 1 OR . Was die Definition der Nebenkosten betrifft, so kann auf die im 1. Teil gemachten Ausführungen verwiesen werden. Sind die Heiz- und Warmwasserkosten allerdings im Mietzins inbegriffen, gelten sie wie die übrigen nicht ausgeschiedenen Nebenkosten rechtlich gesehen als Mietzins im Sinne von Art. 257 OR. Im Gegensatz zu den übrigen Nebenkosten werden die Heiz- und Warmwasserkosten in den Artikeln 5, 6, 6a, 7 und 8 der Verordnung über die Miete und Pacht von Wohn- und Geschäftsräumen (VMWG) speziell geregelt. Dies bedeutet allerdings nicht, dass die allgemeinen Grundsätze der gesetzlichen Nebenkostenregelung nicht auch auf die Heiz- und Warmwasserkosten anwendbar wären.

2 Heizen als Vermieterpflicht

Dass das Heizen des Mietobjektes – sofern für den bestimmungsgemässen Gebrauch des Mietobjektes notwendig – dem Vermieter obliegt, ergibt sich aus der in Art. 256 OR statuierten Pflicht des Vermieters, die Mietsache in einem zum vorausgesetzten Gebrauch tauglichen Zustand zu übergeben und in demselben zu erhalten. Die klimatische Situation in der Schweiz erfordert in den kälteren Jahreszeiten ein Heizen von Wohn- und Geschäftsräumen, weil anderenfalls der vorausgesetzte Gebrauch der Mietsache nicht denkbar wäre. Nicht nur das Wohlbefinden, sondern unter Umständen sogar die Gesundheit des Mieters würde ohne Heizen in Mitleidenschaft gezogen. Dienen Geschäftsräume nur der Lagerung von Gegenständen, erübrigt sich in der Regel die Beheizbarkeit. Ob die Beheizbarkeit zum vorausgesetzten Gebrauch der Mietsache notwendig ist oder nicht, ist mithin eine Frage der im Mietvertrag vorgesehenen Bestimmung derselben.

Die Beheizbarkeit kann allenfalls bereits vorliegen, wenn der Mieter die Möglichkeit hat, einen elektrischen Ofen im Raum anzuschliessen. Als Beispiel dafür kann auf einen Baucontainer hingewiesen werden, der als Baubüro dient. Sind Wohnungen und Geschäftsräume allerdings an ein zentrales Beheizungssystem angeschlossen, kann nicht davon ausgegangen werden, der Mieter habe mittels elektrischer Energie zu heizen. Grundsätzlich hat demnach ein Mieter, der ein solches Mietobjekt mietet, einen Rechtsanspruch auf Lieferung angemessener Wärme. Dies gilt auch für die Warmwasserlieferung bei Vorhandensein einer zentralen Aufbereitungsanlage[89]. Das Obergericht des Kantons Zürich hat in einem nach wie vor gültigen altrechtlichen Entscheid festgehalten, dass die Lieferung von Warmwasser für Appartmenthäuser (wie die Lieferung von Heizwärme), ohne Rücksicht auf die Berechnungs- und Zahlungsart, zur Bereitstellung des Mietobjektes im vertragsmässigen Zustand im Sinne von Art. 254 Abs. 1 aOR gehört. Die Herstellung und Unterhaltung des entsprechenden Zustandes der Mietsache bildet einen Bestandteil der Pflicht des Vermieters zur Gebrauchsüberlassung und damit einen Bestandteil der Gegenleistung für den vom Mieter bezahlten Mietzins. Bei der Pflicht zur Lieferung von Heizwärme und Warmwasser handelt es sich um eine untergeordnete aus dem Mietvertrag fliessende Nebenverpflichtung des Vermieters. Derartige Nebenleistungen sind für den vertragsgemässen Gebrauch moderner Mietobjekte unerlässlich[90].

2.1 Was ist angemessene Wärme?

Es gibt keine gesetzliche Definition, die besagen würde, was unter angemessener Wärme zu verstehen ist. Über den Umfang und die Zeitdauer der Beheizung gibt es aber Usanzen, die Allgemeingültigkeit beanspruchen können. Zu beachten gilt, dass die Ansprüche an den Wohnkomfort in den vergangenen 30 Jahren gestiegen sind. Der Entscheid des Bezirksgerichtes Zürich vom 25. Januar 1935, wonach grundsätzlich in Wohnräumen während deren regelmässiger Benützung (zwischen 08.00 Uhr und 23.00 Uhr) eine durchschnittliche Raumtemperatur von 18 Grad Celsius angemessen sei[91], lässt sich heute nicht mehr aufrechterhalten. Das Genfer Kantonsgericht hat in einem Entscheid vom 29. Februar 1988 eine Raumtemperatur von 17 bis 18 Grad als mangelhaft bezeichnet[92]. Aufgrund der geänderten Lebensgewohnheiten – so wird beispielsweise heute kaum noch zwischen mehr und weniger stark zu beheizenden Räumlichkeiten unterschieden – ist auf eine Durchschnittsraumtemperatur von rund 20 bis 21 Grad Celsius im Zeitraum von 07.00 bis 23.00 Uhr abzustellen. Die Durchschnittsraumtemperatur von 20 bis 21 Grad gilt auch für Badezimmer. Dies entspricht nicht nur den veränderten Lebensgewohnheiten, sondern dient ebenfalls der Vermeidung von Feuchtigkeitsschäden, was auch im Interesse des Vermieters liegt. Kontrollmessungen der Raumtemperaturen sind in der Mitte des Raumes in 1,5 Meter Höhe vorzunehmen und nicht an der Wand, die je nach Lage zu verfälschten Resultaten führen würde. In der

---

89 ausführlich dazu Petermann/Fasnacht, a.a.O., S. 21 ff.; Max Brunner, Mietrecht, 2. Auflage, Rorschach 1938, S. 144 ff.
90 ZR 38 Nr. 74 S. 162 ff.
91 vgl. Brunner, a.a.O., S. 146
92 vgl. Mietrechtspraxis, mp 3/88, S. 110

Bundesrepublik Deutschland wird vergleichsweise von einer durchschnittlichen Raumtemperatur von 20 bis 22 Grad ausgegangen; dies gegebenenfalls für die Dauer von 06.00 bis 24.00 Uhr[93]. Eine bloss sechs Stunden dauernde Temperaturabsenkung während der Nacht trägt m.E. dem Postulat des sparsamen Energieverbrauchs keine Rechnung. Bei der Bestimmung der für die Beheizung massgebenden Dauer ist auf die Bedürfnisse des «Durchschnittsmieters» abzustellen. Dessen Nachtruhe dauert in der Regel von 23.00 bis 07.00 Uhr . Somit lässt sich eine erst auf morgens 08.00 Uhr angesetzte Aufheizungszeit[94] heute nicht mehr vertreten, weil dem Mieter nicht zugemutet werden kann, allmorgendlich zu frieren.

In Alters- und Pflegeheimen wie auch in eigentlichen Alterssiedlungen sollte die Durchschnittstemperatur in der Regel höher angesetzt werden. Bei Alterswohnungen lassen sich aufgrund der Schlafgewohnheiten älterer Menschen auch andere Heizzeiten rechtfertigen (z.B. 06.00 bis 22.00 Uhr).

Dass in den Nachtstunden von 23.00 Uhr bis 07.00 Uhr grundsätzlich tiefere Temperaturen angemessen sind, ist unbestritten. Mit der Reduktion der Beheizung während der Nacht lassen sich erhebliche Brennstoffeinsparungen erzielen, was sich in der Heizkostenabrechnung positiv für den Mieter niederschlägt. Die Vorlauftemperatur sollte auf ca. 15 Grad reduziert werden[95]. Die Raumtemperatur darf auch während der Nacht nicht unter 15 Grad sinken, weil anderenfalls die Gebrauchstauglichkeit der Mietsache beeinträchtigt würde, muss doch der Mieter die Nächte nicht in einer unterkühlten Wohnung verbringen. Werden die Nachttemperaturen zu tief angesetzt, ist zudem unweigerlich mit Feuchtigkeitsschäden zu rechnen[96]. Die Heizung darf somit keinesfalls ganz abgestellt werden. Eine völlige Abschaltung der Heizung wäre auch aus energietechnischer Sicht ein Unding, weil die Aufheizung kalter Räume einen enormen Energieverbrauch verursacht, der auch in finanzieller Hinsicht zu Buche schlägt. Andere Heizzeiten können je nach Art des Gebrauchs bei vermieteten Geschäfts- und Bürolokalitäten vereinbart werden. Bei der Festsetzung des Zeitpunktes der Temperaturabsenkung sollte allerdings berücksichtigt werden, dass Geschäfts- und Büroräumlichkeiten zumeist über die eigentlichen Öffnungszeiten hinaus benützt werden und in dieser Zeit auch beheizt werden müssen.

Der Vollständigkeit wegen ist anzumerken, dass der Anspruch des Mieters auf angemessene Wärme auch bedeutet, dass der Mieter keine Überhei-

---

93 vgl. Die Mietfibel für Vermieter und Mieter, 8. Auflage, Düsseldorf 1993
94 vgl. Petermann/Fasnacht, a.a.O., S. 31 f.
95 vgl. Gerber, a.a.O., S. 45
96 vgl. 2.3

zung des Mietobjektes akzeptieren muss. Sowohl Unter- als auch Überheizung führen zu einer mangelnden Gebrauchstauglichkeit des Mietobjekts. Der Mieter kann diesfalls gemäss den entsprechenden Bestimmungen von Art. 258, 259a und 259b OR vorgehen[97]. Keinen Mangel im Sinne des Mietrechts stellt hingegen der durch eine ungünstige Wohnungslage verursachte erhöhte Wärmebedarf dar[98]. Der Vermieter darf ferner auf Vertragsverletzungen des Mieters nicht mit der Einstellung der Beheizung oder mit dem Unterbruch der Warmwasserzufuhr reagieren, selbst dann nicht, wenn der Mieter sich mit den Mietzinszahlungen im Rückstand befindet[99].

Die vom Bundesrecht für Neubauten vorgeschriebene verbrauchsabhängige Heizkostenabrechnung (VHKA) will es dem einzelnen Mieter überlassen, wie stark er sein Mietobjekt heizt. Der Mieter hat nur die Kosten seines individuellen Verbrauchs zu tragen[100]. Die Unterheizung einzelner Räume ist dem Mieter allerdings nicht gestattet. Die Unterheizung einzelner Räume durch den Mieter kann unter Umständen zu Schäden am Mietobjekt führen, für welche der Mieter einzustehen hat. Gemäss Art. 257f Abs. 1 OR hat der Mieter der Mietsache Sorge zu tragen. Fortgesetzte Unterheizung ist mithin eine Sorgfaltspflichtverletzung des Mieters, die im Extremfall – nach erfolgloser Abmahnung durch den Vermieter – eine Kündigung des Mietverhältnisses nach sich ziehen kann. Die Einführung der VHKA hat beispielsweise im Kanton Basel-Landschaft zu einer starken Zunahme von Feuchtigkeitsschäden geführt, was teilweise auf das sparsame Heizverhalten der Bewohner zurückzuführen ist[101]. Extremes Sparverhalten ist somit mit erheblichen Gefahren für die Gebäudesubstanz verbunden. In Mietobjekten, bei welchen das System der individuellen Heizkostenabrechnung nicht vorgeschrieben oder noch nicht eingeführt ist, hat der Vermieter – wie bereits erwähnt – darauf zu achten, dass keine Überheizung stattfindet, weil eine solche nebst der Beeinträchtigung der Gebrauchstauglichkeit der Mietsache regelmässig zu Reklamationen wegen verschwendeter Heizenergie führt.

In der Regel sollte geheizt werden, wenn die Aussentemperatur unter 14 Grad sinkt. Die durchgehende Heizperiode dauert somit normalerweise von Mitte September bis Mitte Mai. Moderne Heizsysteme schalten automatisch ein, sobald die programmierte Aussentemperaturschwelle unter-

---

97 vgl. 2.2 und 2.3
98 vgl. Urteil des Landgerichtes Berlin vom 27. Januar 1987, zitiert in Jahrbuch 1988
99 vgl. Schmid, N 8 zu Art. 254–255
100 vgl. 16
101 vgl. Andreas Brunner, Die verbrauchsabhängige Heizkostenabrechnung, mp 1/88, S. 8

schritten wird. Der Vermieter ist denn auch gehalten, auch ausserhalb der Heizperiode zu heizen, falls die Aussentemperaturen dies erfordern. Das Recht auf angemessene Wärme steht dem Mieter natürlich auch bei einem Kälteeinbruch im Sommer zu.

Warmes Wasser ist dem Mieter jederzeit zur Verfügung zu stellen, wobei Warmwassertemperaturen von 60 Grad Celsius angemessen sind. Die Warmwasseranlage hat auch in Spitzenverbrauchszeiten genügend Warmwasser zu liefern.

2.2 Mangelnde Gebrauchstauglichkeit bei Übergabe des Mietobjektes

Art. 258 OR regelt die gesetzlichen Folgen, wenn der Vermieter die Sache mit Mängeln übergibt, welche die Tauglichkeit zum vorausgesetzten Gebrauch ausschliessen oder erheblich beeinträchtigen. Dem Mieter stehen diesfalls zwei Möglichkeiten offen. Er kann entweder nach den Art. 107–109 OR über die Nichterfüllung von Verträgen (Rücktritt vom Vertrag und Schadenersatz) vorgehen (Abs. 1) oder er kann die Sache trotz deren Mangelhaftigkeit übernehmen und auf gehöriger Erfüllung des Vertrages durch den Vermieter beharren (Abs. 2). Im letzteren Fall räumt das Gesetz dem Mieter die gleichen rechtlichen Möglichkeiten ein, die ihm bei der Entstehung von Mängeln während der Mietdauer zur Verfügung stehen (Art. 259a–259i OR)[102]. Sind Wohn- und Geschäftsräume an eine zentrale Heiz- und Warmwasseraufbereitungsanlage angeschlossen, hat der Mieter einen Anspruch auf Beheizung und Lieferung von Warmwasser.

Ist bei Mietantritt das Heiz- beziehungsweise das Warmwassersystem nicht betriebsfähig, ist vorerst zu prüfen, ob die Gebrauchstauglichkeit erheblich geschmälert oder sogar ausgeschlossen ist. Bei der Heizung wird es eine Rolle spielen, in welcher Jahreszeit das Mietobjekt übernommen wird. Liegt der Mietbeginn im Sommer, kann bei fehlender Beheizungsmöglichkeit von einer Schmälerung der Gebrauchstauglichkeit im Regelfall nicht die Rede sein. Liegt der Mietbeginn im Winter, ist von einer erheblichen Schmälerung auszugehen; unter Umständen ist der Gebrauch des Mietobjektes sogar ausgeschlossen. Anders sieht es bei einer betriebsunfähigen Warmwasseraufbereitungsanlage aus. Das Warmwasser gehört heutzutage zum normalen Wohnkomfort. Im Alltagsleben des Menschen spielt Warmwasser eine zentrale Rolle. Nicht nur für Waschen und Abwaschen ist Warmwasser unentbehrlich, sondern auch für das Baden und Duschen wird meistens Warmwasser benötigt. Die Zeiten haben sich auch insofern geändert, als von einem gesteigerten Waschbedürfnis des Menschen – allein

---

102 vgl. 2.3

schon bedingt durch die im Gegensatz zu früher enorme Vielzahl von in erster Linie sportlichen Freizeitaktivitäten – auszugehen ist. Es rechtfertigt sich daher, bei fehlender Warmwasserversorgung grundsätzlich von einer erheblichen Beeinträchtigung der Gebrauchstauglichkeit auszugehen, wobei der Beeinträchtigungsgrad in Relation zur zeitlichen Dauer des Warmwasserausfalls zu setzen ist. Die Beeinträchtigung ist also je erheblicher, desto länger die Warmwasserzufuhr unterbrochen ist. Kann der Defekt innert weniger Tage behoben werden – dies gilt auch für eine defekte Heizung –, ist das Vorliegen einer erheblichen Beeinträchtigung in der Regel zu verneinen, es sei denn, der Mieter sei im besonderen Masse auf Warmwasser oder Beheizung angewiesen. Beispiele sind Arztpraxen, Alters- und Pflegeheime, Restaurants, Coiffeursalons.

Bei erheblicher Beeinträchtigung der Gebrauchstauglichkeit des Mietobjektes kann der Mieter – wie bereits erwähnt – nach den Regeln von Art. 107 ff. OR vom Vertrag zurücktreten und vom Vermieter Schadenersatz verlangen, sofern der letztere nicht den Nachweis erbringen kann, dass ihn kein Verschulden trifft. Da ein Rücktritt vom Vertrag für den Mieter meistens mit erheblichen Umtrieben und Mehrkosten verbunden ist, wird er sich allerdings in der Regel für einen Antritt des Mietverhältnisses entscheiden.

2.3 Mangelnde Gebrauchstauglichkeit nach Übergabe des Mietobjektes

Entstehen an der Sache Mängel, die der Mieter weder zu verantworten noch auf eigene Kosten zu beseitigen hat, so kann er gemäss Art. 259a OR verlangen, dass der Vermieter den Mangel beseitigt, den Mietzins verhältnismässig herabsetzt und Schadenersatz leistet. Der Mieter von Wohn- und Geschäftsräumen kann überdies den Mietzins hinterlegen.

Wenn der Vermieter den Mangel kennt und ihn trotzdem nicht innert angemessener Frist beseitigt, so kann der Mieter entweder fristlos kündigen, wenn der Mangel die Tauglichkeit zum vorausgesetzten Gebrauch ausschliesst oder erheblich einschränkt, oder er kann den Mangel auf Kosten des Vermieters beseitigen lassen, wenn dieser die Gebrauchstauglichkeit zwar vermindert, aber nicht erheblich beeinträchtigt (Art. 259b OR). Tritt der Mangel somit erst nach Übergabe der Mietsache auf, hat der Mieter den Vermieter über den Mangel in Kenntnis zu setzen und ihm eine angemessene Frist für dessen Behebung einzuräumen. Erst nach unbenütztem Ablauf dieser Frist kann der Mieter nach Art. 259b OR vorgehen.

Keinen Anspruch auf Beseitigung des Mangels hat der Mieter allerdings dann, wenn der Vermieter für die mangelhafte Sache innert angemessener Frist vollwertigen Ersatz leistet (Art. 259c OR). Diese Norm wird bei der

Vermietung von Wohn- und Geschäftsräumen eher selten zur Anwendung gelangen, weil entsprechende Ersatzobjekte nicht immer verfügbar sind. Der Vermieter hat ein vergleichbares Mietobjekt anzubieten, um dem Anspruch des Mieters auf vollwertigen Ersatz Genüge zu tun. Ein Mietobjekt ist vergleichbar, wenn es in Bezug auf Lage, Grösse, Ausstattung, Zustand und Bauperiode mit dem bisherigen, anfänglich mängelfreien Mietobjekt grosse Ähnlichkeit aufweist[103]. Von einem vollwertigen Ersatz kann zudem nur dann die Rede sein, wenn der Mietzins sich in etwa auf dem gleichen Niveau bewegt[104]. Die Dauer der angemessenen Frist beurteilt sich nach der Art des Mietobjekts und dessen vertraglichem Verwendungszweck. Ob eine Frist angemessen ist oder nicht, muss daher im konkreten Einzelfall entschieden werden.

Auch im Fall eines nach der Übergabe der Mietsache bei der Heizungs- respektive der Warmwasseraufbereitungsanlage auftretenden Mangels wird der Mieter kaum zum Mittel der fristlosen Kündigung greifen. Er wird stattdessen vom Vermieter eine Herabsetzung des Mietzinses verlangen (Art. 259d OR). Ein Anspruch auf Mietzinsherabsetzung steht dem Mieter unabhängig davon zu, ob in Bezug auf die erhebliche Beeinträchtigung der Gebrauchsfähigkeit den Vermieter ein Verschulden trifft oder nicht[105]. Die Mängelhaftung des Vermieters nach Mietbeginn ist mithin stets verschuldensunabhängig. Zur Bezahlung von Schadenersatz kann der Vermieter allerdings nur dann verpflichtet werden, wenn er nicht in der Lage ist zu beweisen, dass ihn am Mangel kein Verschulden trifft (Art. 97 Abs. 1 OR). Wird über die Heiz- und Warmwasserkosten als Nebenkosten gesondert abgerechnet, wird sich der geringere Brennstoff- und Energieverbrauch auf die Nebenkostenabrechnung auswirken. Bei einer länger andauernden Beeinträchtigung der Mietsache wird der Vermieter dieser Sachlage bei der Verrechnung der Grundkosten für die Wärme- und Wasserlieferung (Kosten für Tankrevision, Kaminfeger etc.) Rechnung tragen müssen[106]. Sind die Heiz- und Warmwasserkosten im Mietzins inbegriffen, sind der niedrigere Brennstoffverbrauch wie auch die Reduktion der Grundkosten bei der Bemessung der Höhe der Mietzinsreduktion zu berücksichtigen.

Bei einem nur kurzen Unterbruch der Wärme- oder der Warmwasserlieferung werden sich Vermieter und Mieter zumeist auf die Höhe einer Mietzinsreduktion einigen können. Der Vermieter ist bei kurzfristigem Ausfall

---

103 vgl. SVIT-Kommentar, N 6 zu Art. 259c
104 vgl. SVIT-Kommentar, N 6 zu Art. 259c am Ende
105 vgl. Peter Zihlmann, Das Mietrecht, 2. Auflage, Zürich 1995, S. 76; Martin Züst, Die Mängelrechte des Mieters von Wohn- und Geschäftsräumen, S. 30 f.
106 vgl. Petermann/Fasnacht, a.a.O., S. 27 f.

der Heizanlage beziehungsweise der Warmwasseraufbereitungsanlage nicht zu einer Reduktion des Mietzinses verpflichtet, wenn ein solcher Ausfall auf Revisionsarbeiten zurückzuführen ist. Wenn immer möglich wird der Vermieter Revisions- und Unterhaltsarbeiten an der Heizanlage sinnvollerweise in der wärmeren Jahreszeit durchführen lassen. Bei länger andauernden Unterbrüchen wird unter Umständen der Richter über die Höhe des Herabsetzungsanspruchs des Mieters zu entscheiden haben. Da für dessen Bemessung stets auf den konkreten Einzelfall abzustellen ist, lassen sich grundsätzlich keine allgemeingültigen Richtwerte nennen. Der Mietzins ist proportional zur Verminderung des Gebrauchswertes des Mietobjektes herabzusetzen[107]. Das Bundesgericht hat bereits vor Jahren für eine unzureichende Heizung einer Pension eine Mietzinsreduktion von 16 Prozent als angemessen erachtet[108]. Das Landesgericht Düsseldorf hatte im Jahre 1973 bei einer ungenügenden Heizanlage, welche die Wohnzimmertemperatur auf nicht mehr als 15 Grad Celsius ansteigen liess, eine Mietzinsreduktion von 30 Prozent zugestanden[109]. Das Landgericht Hamburg hatte im Jahre 1992 eine Mietzinsminderung von 5 Prozent gewährt, weil die Raumtemperatur bedingt durch einen Ausfall der Heizung im Winter nur noch 18 Grad Celsius betrug[110]. Für die Minderwertberechnung ist auf objektive Kriterien abzustellen. So kommt es beispielsweise bei einem Heizungsausfall nicht darauf an, ob es sich um einen jungen oder einen alten, einen gesunden oder kranken Mieter handelt. Anders wäre es, wenn es sich beim Mietobjekt beispielsweise um eine eigentliche Alterswohnung handeln würde. Auch wenn sich der Begriff der «angemessenen Wärme» zahlenmässig nicht exakt definieren lässt, dürfte einem Begehren um eine Mietzinsreduktion bei Wohntemperaturen ab etwa 20 Grad Celsius keine Erfolgschance beschieden sein. Bei Geschäften, die im besonderen Masse auf Beheizung angewiesen sind, dürften in der Regel höhere Mietzinsreduktionen gesprochen werden. Der Cour de Justice des Kantons Genf hat bereits 1983 entschieden, dass eine genügende Beheizung für die normale Bewirtschaftung eines Restaurants unumgänglich ist. Im konkreten Fall wurde dem Mieter eine Reduktion von 30 Prozent zuerkannt[111]. Die Gerichtspraxis in der Schweiz verhält sich bei der Bemessung des Ausmasses einer Mietzinsreduktion ansonsten erfahrungsgemäss eher zurückhaltend[112].

---

107 vgl. Lachat/Stoll/Brunner, a.a.O., S. 150
108 vgl. BGE 42 II 349
109 zitiert in der Zeitschrift Haus & Grund, Nr. 7/1994, S. 23
110 zitiert in der Zeitschrift Haus & Grund, Nr. 7/1994, S. 24
111 vgl. Urteil des Cour de Justice vom 7. Februar 1983 in Züst, a.a.O., S. 194
112 vgl. Prerost/Thanei, Das Mieterbuch, 3. Auflage, Zürich 1993, S. 83

3 Regelung der Heiz- und Warmwasserkosten in der VMWG

Die Verordnung über die Miete und Pacht von Wohn- und Geschäftsräumen (VMWG) vom 9. Mai 1990 widmet der Regelung der Heiz- und Warmwasserkosten ganze fünf Artikel (Art. 5, 6, 6a, 7 und 8 VMWG), die Art. 257b Abs. 1 OR konkretisieren. Dies weist auf die Bedeutung hin, die der Verordnungsgeber den Heiz- und Warmwasserkosten beimisst. Die betreffenden Artikel sind im Folgenden im Wortlaut wiedergegeben:

Artikel 5 *[Anrechenbare Heiz- und Warmwasserkosten]*

¹ Als Heiz- und Warmwasserkosten anrechenbar sind die tatsächlichen Aufwendungen, die mit dem Betrieb der Heizungsanlage oder der zentralen Warmwasseraufbereitungsanlage direkt zusammenhängen.

² Darunter fallen insbesondere die Aufwendungen für:
a. die Brennstoffe und die Energie, die verbraucht werden;
b. die Elektrizität zum Betrieb von Brennern und Pumpen;
c. die Betriebskosten für Alternativenergien;
d. die Reinigung der Heizungsanlage und des Kamins, das Auskratzen, Ausbrennen und Einölen der Heizkessel sowie die Abfall- und Schlackenbeseitigung;
e. die periodische Revision der Heizungsanlage einschliesslich des Öltanks sowie das Entkalken der Warmwasseranlage, der Boiler und des Leitungsnetzes;
f. die Verbrauchserfassung und den Abrechnungsservice für die verbrauchsabhängige Heizkostenabrechnung sowie den Unterhalt der nötigen Apparate;
g. die Wartung;
h. die Versicherungsprämien, soweit sie sich ausschliesslich auf die Heizungsanlage beziehen;
i. die Verwaltungsarbeit, die mit dem Betrieb der Heizungsanlage zusammenhängt.

³ Die Kosten für die Wartung und die Verwaltung dürfen nach Aufwand oder im Rahmen der üblichen Ansätze angerechnet werden.

Artikel 6 *[Nicht anrechenbare Heiz- und Warmwasserkosten]*

Nicht als Heiz- und Warmwasseraufbereitungskosten anrechenbar sind die Aufwendungen für:
a. die Reparatur und Erneuerung der Anlagen;
b. die Verzinsung und Abschreibung der Anlagen.

Artikel 6a *[Energiebezug von einer ausgelagerten Anlage]*

Bezieht der Vermieter Heizenergie oder Warmwasser aus einer nicht zur Liegenschaft gehörenden Zentrale, die nicht Teil der Anlagekosten ist, kann er die tatsächlich anfallenden Kosten in Rechnung stellen.

Artikel 7 *[Nicht vermietete Wohn- und Geschäftsräume]*

1 Die Heizungskosten für nicht vermietete Wohn- und Geschäftsräume trägt der Vermieter.

2 Sind keine Geräte zur Erfassung des Wärmeverbrauchs der einzelnen Verbraucher installiert und wurden nicht vermietete Wohn- und Geschäftshäuser nachweisbar nur soweit geheizt, als dies zur Verhinderung von Frostschäden notwendig ist, muss der Vermieter nur einen Teil der Heizungskosten übernehmen, die nach dem normalen Verteilungsschlüssel auf Wohn- und Geschäftsräume entfallen. Dieser Teil beträgt in der Regel:
a. ein Drittel für Zwei- bis Dreifamilienhäuser;
b. die Hälfte für Vier- bis Achtfamilienhäuser;
c. zwei Drittel für grössere Gebäude sowie für Büro- und Geschäftshäuser.

Artikel 8 *[Abrechnung]*

1 Erhält der Mieter mit der jährlichen Heizkostenrechnung nicht eine detaillierte Abrechnung und Aufteilung der Heizungs- und Warmwasseraufbereitungskosten, so ist auf der Rechnung ausdrücklich darauf hinzuweisen, dass er die detaillierte Abrechnung verlangen kann.

2 Der Mieter oder sein bevollmächtigter Vertreter ist berechtigt, die sachdienlichen Originalunterlagen einzusehen und über den Anfangs- und Endbestand von Heizmaterialien Auskunft zu verlangen.

4 Heiz- und Warmwasserkosten als Nebenkosten

Heiz- und Warmwasserkosten sind Nebenkosten im Sinne der Art. 257a Abs. 1 und 257b Abs. 1 OR[113]. Sind die entsprechenden Kosten im Mietvertrag nicht ausdrücklich als Nebenkosten ausgeschieden, kann der Mieter davon ausgehen, dass diese im Mietzins inbegriffen sind und durch dessen Bezahlung abgegolten sind. Dies bedeutet, dass dem Vermieter kein Rechtsanspruch auf eine zusätzliche Heizkostenentschädigung zusteht, sollten die Heizkosten einen höheren Betrag ausmachen als beim Abschluss des Mietvertrages kalkuliert. Ebenso wenig steht dem Mieter auf der anderen Seite ein Rückerstattungsanspruch bei unerwartet billigen Heizperioden zu. Der Vermieter ist diesfalls dem Mieter zudem keine Heiz- und Warmwasserkostenabrechnung schuldig. Im Normalfall sind allerdings die Heiz- und Warmwasserkosten vertraglich als Nebenkosten ausgeschieden, die entweder in Form einer monatlichen Pauschale oder in Form einer monatlichen Akontozahlung zu begleichen sind. Im letzteren Fall hat der

---

113 vgl. 1. Teil

Vermieter zuhanden des Mieters einmal jährlich eine Heiz- und Warmwasserkostenabrechnung zu erstellen[114].

5 Definition der Heiz- und Warmwasserkosten

Unter Heizkosten sind in der Schweiz jene Kosten zu verstehen, die durch den Betrieb der Heizungsanlage anfallen. Als Heizkosten – dies gilt analog auch für die Warmwasserkosten – gelten also lediglich die Betriebskosten (vgl. Art. 5 VMWG). Unter Warmwasserkosten sind demzufolge die Kosten für die Aufbereitung des kalten Wassers zu verstehen. Die Aufwendungen für den Verbrauch und die Anlieferung des Kaltwassers umfassen sie hingegen nicht. Der Vermieter kann diese Kosten dem Mieter nicht in der Heiz- und Warmwasserabrechnung belasten. Dem Vermieter steht es jedoch selbstverständlich frei, im Mietvertrag die Kosten für die Lieferung von Kaltwasser als Nebenkosten auszuscheiden. Wird eine mietvertragliche Ausscheidung unterlassen, kann der Mieter davon ausgehen, dass die entsprechenden Kosten im vereinbarten Mietzins enthalten sind. Wasserbezugskosten sind also – sofern sie nicht sowieso im Mietzins inbegriffen sind – als eigenständige Nebenkosten dem Mieter zu belasten.

Die Bestimmung von Art. 257b Abs. 1 OR ist zwingender Natur. Im Mietvertrag kann daher nicht von der vorerwähnten Umschreibung der Heiz- und Warmwasserkosten abgewichen werden. Weder die Kosten für den Kauf und die Installation der Anlagen noch die Kosten des entsprechenden Kapitaldienstes noch die Kosten für Unterhalt, Abschreibung, Risikoprämie und Steuern fallen unter die Heizkosten im Sinne des Gesetzes. Diesen Kosten ist vielmehr bei der Festlegung des Mietzinses Rechnung zu tragen.

Art. 5 und 6 VMWG enthalten eine Aufzählung der anrechenbaren und der nicht anrechenbaren Heiz- und Warmwasserkosten und präzisieren somit Art. 257b Abs. 1 OR. Dass die einzelnen Positionen je nach verwendetem Wärmeaufbereitungssystem variieren können, liegt in der Natur der Sache und versteht sich von selbst. Aus der Formulierung von Art. 5 VMWG («Darunter fallen insbesondere die Aufwendungen...») geht hervor, dass die Aufzählung der anrechenbaren Heiz- und Warmwasserkosten nicht abschliessender Natur ist. Aus der Aufzählung der anrechenbaren und nicht anrechenbaren Heiz- und Warmwasserkosten in der Verordnung ist lediglich die Unzulässigkeit der Abrechnung artfremder Nebenkosten über die Heizabrechnung ersichtlich. Die teilweise anzutreffende Praxis,

---

[114] vgl. 1. Teil, 5

dem Mieter im Mietvertrag nicht ausgeschiedene Nebenkosten über die Heizkostenabrechnung in Rechnung zu stellen, ist eindeutig gesetzeswidrig. Kosten für die Gartenpflege, für Anschaffungen von Rasenmähern, für die Anschaffung von Schneeräumungsmaschinen, für Ungezieferbeseitigung, allgemeine Hauswartungskosten etc. haben in der Heiz- und Warmwasserkostenabrechnung nichts zu suchen. Es ist aus diesem Grunde ratsam, sich bei Vertragsabschluss klare Vorstellungen darüber zu machen, was für Nebenkosten dem Mieter separat neben dem Nettomietzins in Rechnung gestellt werden sollten. Im laufenden Mietverhältnis ist es dazu – neu anfallende Nebenkosten ausgenommen – grundsätzlich zu spät[115].

115 vgl. dazu ausführlich 1.Teil, 10

6 Andere Zahlungsart

Wünscht der Vermieter die Zahlungsart zu ändern, will er also beispielsweise von der Heiz- und Warmwasserkostenpauschale zur Akontozahlung wechseln, hat er wie bei Mietzinserhöhungen vorzugehen (Art. 269d OR), handelt es sich doch dabei um eine einseitige Mietvertragsänderung. Die Änderung ist dem Mieter auf dem kantonal genehmigten Mietzinserhöhungsformular mitzuteilen. Zudem hat der Vermieter die gesetzlichen oder vertraglichen Kündigungstermine und die entsprechenden Mitteilungsfristen zu beachten (Wohnungen: mindestens drei Monate + 10 Tage; Geschäftsräume: mindestens 6 Monate + 10 Tage). Wegen des Risikos der postalischen Zustellung (Abholfrist von 7 Tagen) ist es geboten, die Mitteilung jeweils zehn Tage vor Beginn der Mitteilungsfrist eingeschrieben zu verschicken. Das gleiche Verfahren ist auch im Falle anzuwenden, wo der Vermieter den Betrag der Pauschal- oder Akontozahlung erhöhen oder senken will[116].

7 Die Höhe monatlicher Akontozahlungen

Wie soll der Vermieter bei einer Erstvermietung die vom Mieter zu entrichtenden Akontozahlungen festlegen? Bei einem durchschnittlichen Heizölpreis von 35 bis 40 Franken pro 100 Kilogramm Heizöl Extra-Leicht kann von folgenden Richtwerten ausgegangen werden. Diese Zahlen sind im konkreten Fall nach Vorliegen des ersten ganzjährigen Betriebsergebnisses zu überprüfen und können mittels dem in Kap. 6 beschriebenen Mietzinsanpassungsverfahren entsprechend angepasst werden:

	Heizung	Warmwasser
1-Zimmer-Wohnung (etwa 40 m^2)	Fr. 40.–	Fr. 15.–
2-Zimmer-Wohnung (etwa 55 m^2)	Fr. 50.–	Fr. 20.–
3-Zimmer-Wohnung (etwa 70 m^2)	Fr. 60.–	Fr. 25.–
4-Zimmer-Wohnung (etwa 85 m^2)	Fr. 70.–	Fr. 30.–

Eine Überprüfung der vorgenannten Zahlen anhand der Abrechnung drängt sich schon deshalb auf, weil die Abweichungen von Gebäude zu Gebäude relativ gross sind. Bei Geschäftsräumen lässt sich mittels eines Vergleichs des Kubikmeter-Inhaltes mit allfälligen Wohnungen im gleichen Gebäude auf die entsprechenden Anteile schliessen[117].

---

116 vgl. 1. Teil, 10.1
117 vgl. Petermann/Fasnacht, a.a.O., S. 36

8 Fixe und variable Heiz- und Warmwasserkosten

In Bezug auf die Verteilung der Heiz- und Warmwasserkosten auf die Mieter spielt die Unterscheidung von fixen und variablen Kosten eine gewisse Rolle. Fixe Kosten sind periodisch anfallende Kosten, die unabhängig von der Intensität der Benutzung der Heizungsanlage entstehen. Darunter fallen Kaminfegerkosten, Kosten für Revisionsabonnemente, Versicherungsprämien hinsichtlich der Heizungsanlage. Im Gegensatz dazu hängen die variablen Kosten von der Benutzungsintensität der Heizungsanlage ab. Als Beispiele variabler Kosten sind in erster Linie die Aufwendungen für das Heizöl odere andere Energiekosten zu nennen. Die Vorschriften über die VHKA tragen der Tatsache Rechnung, dass nicht alle anfallenden Heizkosten verbrauchsabhängig anfallen. Mindestens 50 Prozent der anfallenden Kosten des Wärmeverbrauchs sind nach dem tatsächlichen Verbrauch abzurechnen. Die individuell ermittelten Heizkosten und die «fixen» Kosten werden zusammengerechnet. Ein Teil wird dann nach dem individuellen Verbrauch (mindestens 50 Prozent), der andere Teil gemäss Wohnfläche oder Rauminhalt (höchstens 50 Prozent) abgerechnet.

9 Die Heizkosten im Einzelnen

9.1 Brennstoffe

Bei der Ölheizung sind die benötigten Brennstoffe die wichtigsten variablen Kosten. Der Verbrauch entspricht der Differenz zwischen dem Ölbestand zu Beginn der Heizperiode zu demjenigen an deren Schluss. Der Vermieter muss sich bewusst sein, dass es bei den Heizölpreisen zu grösseren Preisschwankungen bedingt durch saisonale und politische Einflüsse kommen kann. Zu denken ist etwa an die seit den Zeiten der Ölkrise in den Jahren 1973/74 auftretenden Eingriffe des Erdölförderkartells OPEC (Organization of Petroleum Exporting Countries) in die Erdölpreisbildung vor allem über die Reduktion der Fördermenge. Der Vermieter ist gehalten, so weit dies möglich und zumutbar ist, die Heizöleinkäufe zu möglichst günstigen Preiskonditionen zu tätigen. Der Vermieter wird die Einkäufe in der Weise tätigen müssen, wie er dies anstellen würde, wenn er die Brennstoffe für den Eigenbedarf anschaffen würde. Der Preis des Heizölvorrats ergibt sich aus den Preisen des seinerzeitigen Einkaufs, nicht etwa aus dem Tagespreis zu

Beginn der neuen Heizperiode[118]. Der Vermieter ist gehalten, die Brennstoffe dem Mieter zum effektiv bezahlten Preis anzurechnen, d.h. Rabatte sind an den Mieter weiterzugeben. Dies ergibt sich bereits hinlänglich aus der Vorschrift von Art. 257b Abs. 1 OR, die den Vermieter verpflichtet, dem Mieter nur die tatsächlichen Aufwendungen für Nebenkosten zu belasten.

Nebst den eigentlichen Brennstoffen darf der Vermieter auch tatsächlich anfallende Aufwendungen für Heizölzusätze in der Heizkostenabrechnung berücksichtigen. Heizölzusätze dienen einerseits der Verhinderung der Tankerosion und andererseits der Verbesserung der Verbrennung. Sie können zudem nötig sein, um bei frostausgesetzten Heizanlagen den durch die Ausscheidung von Paraffin möglichen Verstopfungen der Leitungen entgegenzuwirken[119].

9.2 Elektrizität zum Betrieb von Brennern und Pumpen

Fehlt es für die Erfassung des für den Betrieb von Brennern und Pumpen erforderlichen Stroms, welcher gemäss Art. 5 VMWG zu den anrechenbaren Heizkosten gehört, an einem separaten Zähler, kann sich der Vermieter mit folgenden Jahrespauschalen, die auf einem durchschnittlichen Strompreis von 25 Rappen pro Kilowattstunde basieren, behelfen[120]. Aufgrund der verbesserten technologischen Entwicklung verbrauchen sowohl moderne Brenner als auch moderne Umwälzpumpen deutlich weniger Strom als früher. Die in den letzten Jahren aufgelaufene Teuerung wird durch die erzielten Energieeinsparungen kompensiert. Die nachfolgenden Pauschalwerte gelten daher unverändert weiter.

9.2.1 Bei Heizungsanlagen

	Brenner	Umwälzpumpe	Total
Liegenschaften bis 6 Wohnungen	Fr. 80.–	Fr. 175.–	Fr. 255.–
Liegenschaften bis 12 Wohnungen	Fr. 80.–	Fr. 210.–	Fr. 290.–
Liegenschaften bis 20 Wohnungen	Fr. 80.–	Fr. 265.–	Fr. 345.–

---

118 vgl. Petermann/Fasnacht, a.a.O., S. 45
119 vgl. Petermann/Fasnacht, a.a.O., S. 46 f.
120 vgl. Petermann/Fasnacht, a.a.O., S. 47, S. 64; Gerber, a.a.O., S. 40 f.; Beat L. Meyer, Mietrecht im Alltag, 3. Auflage, Zürich 1982, S. 50

9.2.2 Bei kombinierten Heizungs- und Warmwasseraufbereitungsanlagen

	Brenner	Umwälzpumpe	Total
Liegenschaften bis 6 Wohnungen	Fr. 100.–	Fr. 225.–	Fr. 325.–
Liegenschaften bis 12 Wohnungen	Fr. 100.–	Fr. 265.–	Fr. 365.–
Liegenschaften bis 20 Wohnungen	Fr. 100.–	Fr. 335.–	Fr. 435.–

9.2.3 Bei Gasheizungen

Der Brennerstrom bei atmosphärischen Gasbrennern ist vernachlässigbar klein und kann somit nicht verrechnet werden. Bei Gebläse-Gasbrennern kann dagegen auf die vorstehenden Pauschalen abgestellt werden.

9.2.4 Liegenschaften mit über 20 Wohnungen

Bei Liegenschaften mit über 20 Wohnungen bzw. bei Liegenschaften mit mehreren Umwälzpumpen für den Heizungsbetrieb oder mehreren Warmwasserpumpen empfiehlt es sich für den Vermieter, separate Zähler zu installieren. Es existieren diesbezüglich keine Pauschalen. Zähler sind somit unerlässlich, um dem Mieter den Energieverbrauch belegen zu können[121].

9.3 Betriebskosten für Alternativenergien

Es versteht sich von selbst, dass Alternativenergien wie Sonnenenergie, Windenergie etc. nur dann in der Heizkostenabrechnung dem Mieter belastet werden dürfen, wenn derartige Energien auch tatsächlich für den Heizungsbetrieb verwendet werden.

9.4 Reinigung

Auch die Reinigungskosten und die Kosten für die Einölung im Sommer nicht benützter Heizungsanlagen sind anrechenbare Heizkosten. Von Fachleuten wird empfohlen, den Heizkessel pro Jahr einmal reinigen und entrussen zu lassen. Dies verbessert die Verbrennungswirksamkeit und dient somit einer besseren Luftqualität. Die Reinigung und Entrussung des Kamins richten sich nach den Vorschriften betreffend Reinigungen und Kontrollen der kantonalen Feuerpolizei. Sowohl die Kessel- als auch die Kaminreinigung obliegen dem Kaminfeger.

Darunter fallen ferner die Kosten der Entkalkung der Warmwasseranlagen, der Boiler und der Leitungen, aber auch der Neuschamottierung des Kessels und des Feuerungsraumes. Die Schamottierung dient der Verbesse-

---

121 vgl. Petermann/Fasnacht, a.a.O., S. 65

rung der Verbrennung. Der Austausch einzelner durch die Hitze spröd gewordener Steine ist jährlich im Rahmen der Kesselreinigung vornehmen zu lassen[122].

9.5 Ölfeuerungskontrolle

Die von den kantonalen Behörden aus lufthygienischen Gründen angeordneten Ölfeuerungskontrollen hängen ebenso mit dem Betrieb der Heizungsanlage zusammen wie die Kaminfegerkosten und können daher als Heizkosten angerechnet werden. Dasselbe gilt für den Ersatz von Rauchgasfiltern.

Die Durchführung der vorgeschriebenen behördlichen Feuerungskontrollen obliegt grundsätzlich den Gemeinden. In den Kantonen Zürich (ab 1997), Bern, Basel-Landschaft und Luzern dürfen die Kontrollen nur noch von Inhabern eines eidgenössischen Fähigkeitsausweises vorgenommen werden. Die Feuerungskontrolle wird in den meisten Kantonen nach den Richtlinien der Luftreinhalteverordnung (LRV 92) durchgeführt.

Zu beachten ist, dass die Luftreinhalteverordnung seit dem 1. Februar 1992 vorschreibt, dass nicht nur Ölfeuerungen, sondern auch Gasfeuerungen periodisch kontrolliert werden müssen (Art. 13 LRV). Die Messung hat grundsätzlich gemäss den Richtlinien des Bundesamtes für Umwelt, Wald und Landschaft (BUWAL) für die Messung der Abgase von Feuerungen für Heizöl Extra-Leicht oder Gas vom Februar 1992 zu erfolgen.

9.6 Revisionen

In den Bereich der als Heizkosten anrechenbaren Revisionen fallen in erster Linie die Tankrevisionen, die Revisionen von Kessel und Umwälzpumpen und der Brennerservice. Revisionen sind von Reparaturen, die nicht als Heizkosten anrechenbar sind, zu unterscheiden. Dass Reparaturen nicht Heizkosten sein können, ist dadurch zu erklären, dass der Vermieter für die Erhaltung der Gebrauchstauglichkeit der Mietsache verantwortlich ist (Art. 256 Abs. 1 OR). Dazu gehört auch die Heizungsanlage. Reparaturen, die auch den Ersatz abgenützter Teile und/oder von Zubehör umfassen, sind als Unterhaltskosten grundsätzlich immer vom Vermieter zu tragen; dieser hat dieser Sachlage bei der Festlegung des Mietzinses entsprechende Aufmerksamkeit zu schenken. Revisionen dienen hingegen der Erhaltung der Funktionstüchtigkeit der Heizungsanlage, wobei der Ersatz von kleinem Verbrauchsmaterial wie Dichtungsringe, Filterpapiere etc. mitverrechnet werden darf. Zu dem Bereich der Revisionsarbeiten sind auch Kontrollarbeiten zu zählen (kantonal angeordnete Feuerungskontrolle, Regulierung der Luftzufuhr, Ölen und Schmieren von Lagern etc.).

---

122 vgl. dazu ausführlich Petermann/Fasnacht, a.a.O., S. 48

9.6.1 Tankrevision

Tankrevisionen sind den Hauseigentümern vom Gewässerschutzgesetz vorgeschrieben. Eine entsprechende Verpflichtung kann sich auch aus den allgemeinen Versicherungsbestimmungen einer Leckrisikoversicherung oder allenfalls einer Haushaftpflichtversicherung ergeben.

Gemäss Art. 16 der Verordnung über den Schutz der Gewässer vor wassergefährdenden Flüssigkeiten (VWF) vom 1. Juli 1998 sind bewilligungspflichtige Tankanlagen mindestens alle zehn Jahre durch eine zugelassene Revisionsfirma auf die Funktionstüchtigkeit und Dichtheit überprüfen zu lassen. Für die Revisionsarbeiten sind die Regeln der Technik massgebend. Für die Werterhaltung und den präventiven Schutz der Anlagen sind die Eigentümer eigenverantwortlich. Die Ausführung der Revision wird von der Tanklageart und deren Sicherheit abhängig gemacht.

Seit dem Inkrafttreten der Verordnung am 1. Januar 1999 unterstehen nur noch bewilligungspflichtige Lageranlagen der Revisionspflicht. Von der Revisionspflicht ausgenommen sind freistehende Kleintanks von 450 bis 2000 Litern Nutzinhalt mit einem Gesamtvolumen der Anlage von 4000 Litern, sofern folgende Bedingungen erfüllt sind:

Kleintanks
- Lagerung von Heiz- und Dieselöl
- Lage ausserhalb Grundwasserschutzzonen oder -arealen (keine Zone S)
- Befüllung der Kleintanks nur von Hand mit der Zapfpistole

Produkte- und Ölleitung
- Entnahme des Lagerguts mit sichtbar verlegten Rohr- und Ölleitungen (nicht erdverlegt) ohne Rücklaufleitung im Saugbetrieb (keine Druckförderpumpe)
- gegen Abheben gesichert, sodass bei Undichtheit an der Rohrleitung keine Flüssigkeit selbsttätig ausfliessen kann
- Sicherheitsumstellbatterie bei mehreren Einzelwannen vorhanden

Schutzbauwerke bzw. Auffangwannen
- Dichtheit des Schutzbauwerkes bzw. der Auffangwanne gewährleistet
- Auffangvolumen 100% des Nutzvolumens des grössten Behälters
- mehrere Behälter, die hydraulisch eine Einheit bilden (z.B. Kleintankbatterien) gelten als ein Behälter

Inhaber von Kleintanks im Gewässerschutzbereich A, die die vorgängigen Bedingungen erfüllen, werden nicht mehr zur Revision aufgeboten,

Inhaber von Anlagen in den Gewässerschutzbereichen B und C erhalten das Aufgebot wie bis anhin. Können sie mit einem Revisionsrapport nachweisen, dass ihre Anlage ebenfalls den vorgenannten Kriterien genügt, besteht die Möglichkeit der Befreiung von der Revisionspflicht.

Gemäss Art. 14 der neuen Verordnung dürfen Tankanlagen nur befüllt werden, wenn die Revisionspflicht erfüllt und dabei festgestellte Mängel behoben wurden.

Eine periodische Kontrolle von Tankanlagen und deren Sicherheitseinrichtungen ist notwendig, sind diese Anlagen doch einer natürlichen Alterung ausgesetzt. An nicht öldicht ausgekleideten Betonschutzbauwerken kommt es erfahrungsgemäss zu Rissen. Die Schlammrückstände im Tankinnern nehmen in der Regel ohne Innenreinigung zu und führen bei Stahltanks vermehrt zu Korrosionsschäden und in der Folge zu einer Zunahme der Brennerstörungen. Die periodisch notwendige Innenreinigung sollte einer zugelassenen Revisionsfirma in Auftrag gegeben werden, auch wenn dies nicht mehr zwingend vorgeschrieben ist. Diese Kosten gelten ebenfalls als Heizkosten im Rahmen der Tankrevision.

In der Praxis wird jährlich ein Zehntel bzw. ein Siebtel der mutmasslichen Revisionskosten als Heizkosten abgerechnet. Dies verhindert, wie Petermann/Fasnacht zu Recht festhalten, dass die Heizkosten im Revisionsjahr überdurchschnittlich hoch ausfallen und dem kurz vor einer Revision in ein Mietobjekt ziehenden Mieter übermässig hohe Kosten zugemutet werden müssten[123]. Es wäre denn auch stossend, wenn der Mieter Nebenkosten, die vor seinem Einzug angefallen sind, zu tragen hätte. Das Bezirksgericht Horgen hatte dies 1979 sogar ausdrücklich als unzulässig erklärt[124].

Als Heizkosten im Rahmen der Tankrevision gelten auch die Kosten für den kathodischen Korrosionsschutz (zum Schutze der Tankanlage).

Die Kosten von Tankrevisionen sind von Kanton zu Kanton verschieden. Sie hängen unter anderem auch von der Grösse und der Anzahl der zu revidierenden Tanks ab. Es ist daher zu empfehlen, die Kosten einer Tankrevision im konkreten Einzelfall bei einer Tankreinigungsfirma zu erfragen. Es dürfte sich lohnen, vor der Auftragserteilung mehrere Kostenvoranschläge miteinander zu vergleichen.

9.6.2 Brenner-Service

In der Praxis wird für die Brennerrevision in der Regel vertraglich ein Service-Abonnement abgeschlossen, welches eine zweimal im Jahr stattfindende Kontrolle und Einregulierung des Brenners beinhaltet. Eine Servicefirma,

---

123 vgl. Petermann/Fasnacht, a.a.O., S. 53
124 vgl. Mit. BWO 12, Nr. 8

die nur bei Störungen am Brenner einen Fachmann vorbeischickt, kommt ihren vertraglichen Verpflichtungen nicht nach. Der Brenner-Service umfasst die Demontage und Reinigung des Brenners sowie die Überprüfung des feuerungstechnischen Wirkungsgrades und die Übertragung der Messwerte in den Feuerungsrapport. Zu beachten ist, dass Ersatzteile nicht Bestandteil der Revision bilden und dem Mieter nicht als Heizkosten überwälzt werden können.

9.6.3　Revision der Leckwarngeräte

Bei Ölschäden, die auf eine lecke Tankanlage zurückzuführen sind, ist der Tankeigentümer haftbar. Diese Haftung besteht unabhängig davon, ob den Eigentümer ein Verschulden trifft oder nicht. Eine regelmässige Revision, sinnvollerweise mittels eines entsprechenden Abonnements, ist daher dringend zu empfehlen. Ebenso drängt sich der Abschluss einer Leckrisikoversicherung auf.

9.6.4　Revision des Wärmeverteilsystems und der Thermostat-Radiatorventile

Entsprechende Revisionen – darunter fallen auch Neueinstellungen der Radiator-Ventile – sind als Heizkosten anrechenbar. Die Neuregulierung der Radiator-Ventile liegt nicht zuletzt im finanziellen Interesse des Mieters, lässt sich doch dadurch Heizöl einsparen. Die verbrauchsabhängige Heizkostenabrechnung (VHKA) setzt funktionstüchtige vom Mieter regulierbare Radiator-Ventile zwingend voraus[125].

9.6.5　Revision der Warmwasseraufbereitungsanlage

Bei kombinierten Heiz- und Warmwasseranlagen sind zusätzlich der Warmwasserboiler und etwaige Korrosionsschutzanlagen periodisch einer Revision zu unterziehen. Zur Schonung der Warmwasseraufbereitungsanlagen und der Leitungen vor dem teilweise stark kalkhaltigen Wasser sind an vielen Orten der Schweiz dafür geeignete Apparaturen einzubauen[126]. Die Revision solcher Apparaturen sind anrechenbare Heizkosten. Ebenfalls anrechenbar sind die Kosten von für die Qualitätssteigerung des Wassers eingekauften Chemikalien sowie die Kosten des kathodischen Korrosionsschutzes.

125 vgl. 16
126 dazu ausführlich Petermann/Fasnacht, a.a.O., S. 66

Für die Revision der Boiler sind folgende Intervalle zu beachten:

Wohnungsboiler (Elektroboiler)
– bei Wasserhärte 10–25 Grad f.: 8–10 Jahre
– bei Wasserhärte 26–40 Grad f.: 4–6 Jahre

Zentral-, Kombi- und Grossboiler
– bei Wasserhärte 10–25 Grad f.: 4–16 Jahre
– bei Wasserhärte 26–40 Grad f.: 3–5 Jahre

9.7 Verbrauchserfassung und Abrechnungsservice für die verbrauchsabhängige Heizkostenabrechnung sowie den Geräteservice

Diese Kosten werden in Art. 5 VMWG ausdrücklich als anrechenbare Heizkosten aufgelistet. Die Abrechnung der verbrauchsabhängigen Heizkostenabrechnung ist komplex, weshalb in den meisten Fällen ein spezialisiertes Unternehmen damit beauftragt werden muss. Diese Kosten dürfen dem Mieter in der Heizkostenabrechnung belastet werden. Dies gilt auch für die Kosten für Nach- und Zwischenablesungen. Die Kosten für eine Zwischenablesung trägt der ausziehende Mieter, der die Ablesung ausgelöst hat. Ebenfalls anrechenbar ist der Geräteservice, nicht aber deren Reparatur oder allfälliger Ersatz. Kleine Mängel hat der Mieter allerdings auf eigene Kosten zu begleichen[127]. Zu beachten gilt, dass die Kosten für die Installation der für die VHKA erforderlichen Geräte nicht der Heizkostenabrechnung zu belasten sind, sondern als Mehrleistung des Vermieters im Sinne einer wertvermehrenden Investition auf den Mietzins zu überwälzen sind.

9.8 Wartung

Als Kosten der Wartung gelten die Lohnzahlungen (zuzüglich Sozialleistungen) für die Bedienung der Heizungsanlage und die Sicherstellung deren Funktionstüchtigkeit. Diese Aufgabe fällt zumeist in den Aufgabenbereich des Hauswartes. Für die Heizkostenabrechnung ist der dafür aufgewendete Lohnanteil des Hauswarts auszuscheiden. Es ist also nicht zulässig, gleich die ganze Hauswartsentschädigung in die Heizkostenabrechnung einzurechnen. Werden Hauswartskosten im Mietvertrag ausdrücklich als Nebenkosten ausgeschieden, so können diese Kosten dem Mieter in der Nebenkostenrechnung weiterverrechnet werden. Bei der Festsetzung der entsprechenden Pauschale und bei der Abrechnung von Akontozahlungen ist der Tatsache Rechnung zu tragen, dass der Lohn für die Wartung der Heizungsanlage bereits in der Heiz- und Warmwasserkostenabrechnung belas-

---

127 vgl. 1. Teil, 3.2.2

tet wurde. Dem Mieter dürfen die Wartungskosten nicht doppelt belastet werden.

Die Kosten für die Wartung dürfen nach Aufwand oder im Rahmen der üblichen nachstehend aufgeführten Ansätze angerechnet werden (Art. 5 Abs. 3 VMWG). Was die Höhe der Wartungskosten betrifft, kann in der Regel aufgrund von Erfahrungswerten auf folgende Richtwerte abgestellt werden[128]:

- vollautomatisch betriebene Heizungsanlage (Aussensteuerung)
  Fr. 30.– bis 40.– pro Heizmonat bzw. während des ganzen Jahres bei kombinierter Warmwasseraufbereitungsanlage

- halbautomatisch betriebene Heizungsanlage (manuelle Steuerung)
  Fr. 40.– bis 50.– pro Heizmonat

- Heizungsanlage mit Gasfeuerung
  Fr. 35.– bis 40.– pro Heizmonat

Stellt der Vermieter keinen Heizwart an, weil er die entsprechende Arbeit selber ausführt, so ist er selbstverständlich berechtigt, den Heizungswartungslohn im Rahmen der obgenannten Ansätze für sich zu beziehen[129].

9.9 Versicherungsprämien

Als Heizkosten anrechenbar sind stets nur diejenigen Versicherungsprämien, die sich ausschliesslich auf die Heizungsanlage beziehen (Art. 5 Abs. 2 lit. h VMWG). Darunter fallen in erster Linie Leckrisikoversicherungen, die allerdings wegen des geringen Risikos finanziell kaum ins Gewicht fallen. Ist die Versicherung des Leckrisikos in der Haushaftpflicht-Versicherung inbegriffen, ist der Hauseigentümer nicht berechtigt, einen Prämienanteil den Heizkosten zu belasten. Es handelt sich diesfalls nicht mehr um ausschliesslich die Heizungsanlage betreffende Versicherungsprämien[130].

9.10 Verwaltungsarbeit, die mit dem Betrieb der Heizungsanlage zusammenhängt

Wie die Kosten für die Wartung dürfen auch die Kosten der Verwaltungsarbeit, die mit dem Betrieb der Heizungsanlage zusammenhängen, dem Mieter nach Aufwand oder im Rahmen der üblichen Ansätze verrech-

---

128 vgl. Blöchliger/Gratz/Kummerer, Handbuch der Liegenschaftsverwaltung, Zürich 1994, S. 5/3
129 vgl. Petermann/Fasnacht, a.a.O., S. 57
130 vgl. Petermann/Fasnacht, a.a.O., S. 57

net werden (Art. 5 Abs. 3 VMWG). Oft enthalten die Normmietverträge entsprechende Bestimmungen, die im konkreten Fall Anwendung finden. Wird nicht nach Aufwand abgerechnet, darf eine Verwaltungspauschale von 3 bis 4 Prozent der gesamten Heizkosten geltend gemacht werden; bei Gasheizungen ist von einer Pauschale von 3 Prozent auszugehen. In einigen Regionen der Schweiz, namentlich in den Kantonen Aargau und Genf, ist eine Verwaltungspauschale von 4 Prozent der gesamten Heizkosten ortsgebräuchlich. Im Jahre 1979 hatte der Genfer Cour de Justice eine Verwaltungspauschale von 4 Prozent geschützt[131]. Dem Vermieter ist zu empfehlen, sich bei der Bestimmung der Höhe der Verwaltungspauschale an den ortsüblichen Ansätzen zu orientieren. Bei Gasheizungen ist eine Pauschale von 2 Prozent der gesamten Heizkosten üblich.

Anders sieht es allerdings bei Liegenschaften aus, die der verbrauchsabhängigen Heizkostenabrechnung (VHKA) unterworfen sind. Wenn die VHKA-Installationsfirma mit der Kostenaufteilung auf die Mieter und möglicherweise auch mit der Erstellung der Heiz- und Warmwasserkostenabrechnung beauftragt ist, können die Kosten dieser Leistungen gemäss Art. 5 Abs. 2 lit. f VMWG dem Mieter vollumfänglich als Heizkosten belastet werden. Werden diese Kosten in der Heizkostenabrechnung aufgeführt, darf auf diesen Kosten nicht noch eine Verwaltungspauschale berechnet werden. Der Vermieter hat zudem bei der Berechnung des Verwaltungshonorars zu berücksichtigen, dass durch die Fremdvergabe der Kostenaufteilung (und allenfalls der Abrechnungserstellung) sein Verwaltungsaufwand stark reduziert worden ist. Die Erhebung einer Verwaltungspauschale von 3 und mehr Prozent auf den restlichen Heizkosten (Brennstoffverbrauch, elektrischer Strom für Brenner und Umwälzpumpe, Kaminfegerkosten etc.) lässt sich dann unter Umständen nicht mehr rechtfertigen. Der Vermieter darf dem Mieter grundsätzlich nur die tatsächlichen Kosten belasten. Er wird daher im ersten Betriebsjahr nach Einführung der VHKA nicht darum herumkommen, den ihm verbleibenden Verwaltungsaufwand zu bestimmen und demgemäss sein Verwaltungshonorar festzulegen. Dieses wird je höher sein, je weniger mit der Heizkostenabrechnung zusammenhängende Aufgaben der VHKA-Installationsfirma übertragen werden. Eine minimale Verwaltungspauschale von einem Prozent auf den Heizkosten (abzüglich des Verwaltungshonorars der VHKA-Installationsfirma) ist auf jeden Fall angebracht, weil dem Vermieter stets ein gewisser Verwaltungsaufwand verbleibt.

131 vgl. Mit. BWO 9, Nr. 3

9.11 Lagerhaltung von Brennstoffvorräten

Werden Brennstoffe auf Vorrat gelagert, so ist der Eigentümer berechtigt, in der Heizkostenabrechnung eine angemessene Lagermiete zu belasten. Besteht eine entsprechende Lagerhaltung, ist der Mieter darüber zu informieren. Aus den vorstehenden Ausführungen ergibt sich von selbst, dass nur effektive Kosten berücksichtigt werden können. Der Mieter hat die Möglichkeit, Einsicht in einen entsprechenden Vertrag oder in Belege für periodische Mietzahlungen zu verlangen, um sich von der Existenz von Lagerhaltungskosten zu überzeugen.

9.12 Zins für Vorleistungen

Der Vermieter erbringt unter Umständen zum Teil erhebliche Vorleistungen, hat er doch die Brennstoffbeschaffung zum Voraus zu vergüten, ohne dass er zu diesem Zeitpunkt Leistungen des Mieters hätte beanspruchen können. Es stellt sich die Frage, ob der Vermieter dem Mieter für derartige Vorleistungen Zins verrechnen kann. Eine eindeutige Vorleistung des Vermieters ist in denjenigen Fällen gegeben, wo der Mieter nicht monatliche Zahlungen (Pauschal- oder Akontozahlungen) für die Heizkosten zu leisten hat. Diesfalls lässt sich eine Verzinsung der erbrachten Vorleistung selbstredend rechtfertigen. Ist der Mieter allerdings verpflichtet, in etwa kostendeckende monatliche Akonto- bzw. Pauschalzahlungen zu leisten, kann nicht von zinspflichtigen Vorleistungen des Vermieters ausgegangen werden. Der administrative Aufwand für die Zinsberechnung und dessen Inrechnungstellung stünde denn auch in einem krassen Missverhältnis zu dem zu erzielenden Zinsertrag. Die Zinsberechnung müsste über ein ganzes Jahr erfolgen, erbringt doch in den ausserhalb der Heizperiode liegenden Monaten zumeist der Mieter eine entsprechende Vorleistung, die der Vermieter ebenfalls zu verzinsen hätte. Dem Vermieter ist daher anzuraten, in Zeiten steigender Heizölpreise die Akontozahlungen des Mieters entsprechend zu erhöhen (Mietzinserhöhungsverfahren gemäss Art. 269 d OR)[132].

9.13 Weitere Heizkosten

Die Aufzählung anrechenbarer Heizkosten in Art. 5 VMWG ist nicht abschliessender Natur, was aus der Formulierung «Darunter fallen insbesondere Aufwendungen für ...» ersichtlich ist. Der Vermieter hat sich allerdings bei der Aufnahme weiterer Kosten in die Heizkostenabrechnung zu vergewissern, dass diese Kosten aus dem Betrieb der Heizanlage resultieren. Weitere Heizkosten wären beispielsweise die Kosten für Brennholz zur

---

132 vgl. 6

Betreibung des Kachelofens. Für weitere Heizkosten dient im Heizkostenabrechnungsformular des Hauseigentümerverbandes Schweiz die Position 13 «Verschiedenes». Es ist dagegen unzulässig, beim Abschluss des Mietvertrages nicht ausgeschiedene Nebenkosten (Gartenpflege, Treppenhausreinigung, Allgemeinstrom, Abwassergebühren etc.) sowie Reparaturen und Ersatzanschaffungen der Heizkostenabrechnung zu belasten. Auch die Kosten des Weihnachtsgeschenks für den Hauswart haben in der Heiz- und Warmwasserkostenabrechnung keinen Platz. Dass solches in der Praxis immer wieder vorkommt, zeigt sich im Rahmen der Rechtsberatung. Bei der kombinierten Heiz- und Warmwasserkostenabrechnung ist zu beachten, dass die Kosten für den Bezug des Kaltwassers nicht in der Heiz- und Warmwasserkostenabrechnung belastet werden dürfen. Ist das Kaltwasser nicht als Nebenkostenposition im Mietvertrag ausgeschieden, gilt dessen Bezug durch den vertraglich vereinbarten Mietzins als abgegolten.

10 Gutschriften sind dem Mieter weiterzugeben

Dass es nicht im Ermessen des Vermieters stehen kann, ihm gewährte Gutschriften wie Rabatte dem Mieter weiterzugeben oder nicht, ergibt sich aus der zwingenden Gesetzesvorschrift von Art. 257b OR, wonach die dem Mieter in Rechnung gestellten Nebenkosten (sofern im Mietvertrag überhaupt als solche ausgeschieden) den tatsächlichen Aufwendungen des Vermieters entsprechen müssen. Der Vermieter darf mithin aus der Heiz- und Warmwasserabrechnung keinen Gewinn erzielen.

10.1 Rabatte

Der Vermieter/Verwalter ist gehalten, gewährte Rabatte wie Mengenrabatte, Treuerabatte etc. dem Mieter gutzuschreiben, sofern sie nicht bereits in den der Heiz- und Warmwasserkostenabrechnung zugrunde liegenden Rechnungen abgezogen wurden. Dem Mieter steht ein diesbezüglicher Rechtsanspruch zu.

10.2 Skonti

Wie verhält es sich mit allfälligen dem Vermieter gewährten Skonti für die Begleichung von Rechnungen innert einer gegenüber den branchenüblichen Zahlungsfristen verkürzten Frist? Aufgrund der Tatsache, dass sich der Vermieter freiwillig für eine verkürzte Zahlungsfrist entscheidet, wird die Meinung vertreten, der Vermieter könne den entsprechenden Skonto für sich in Anspruch nehmen. Immerhin erleidet der Vermieter durch die verfrühte Zahlung entsprechende Zinsverluste[133]. Die von

---

133 gl. M. Petermann/Fasnacht, a.a.O., S. 79 f.

Lachat/Stoll/Brunner[134] zur Begründung der gegenteiligen Ansicht zitierte Genfer Gerichtspraxis[135] befasste sich mit der im Kanton Genf geübten Praxis, Grossverteilern Rückvergütungen zu gewähren. Beim Skonto handelt es sich jedoch gerade nicht um einen derartigen verdeckten Preisnachlass, der den Mietern zwingend gutgeschrieben werden müsste. Weil gemäss Art. 257b Abs. 1 OR dem Mieter allerdings nur die tatsächlichen Aufwendungen des Vermieters in Rechnung gestellt werden dürfen, ist es unsicher, ob der Anspruch des Vermieters auf den Skonto in einem Rechtsstreit geschützt würde. Dem Vermieter ist daher zu empfehlen, auf die verfrühte Zahlung und damit auf den Skonto zu verzichten. Zur Erduldung von Zinsverlusten kann er auf keinen Fall gezwungen werden. Allerdings sind heutzutage Skonti bei Heizöllieferungen nicht mehr üblich, weil die branchenüblichen Zahlungsfristen nur noch 15 Tage betragen. Dies hat dazu geführt, dass dieser Problematik in der Praxis keine eigentliche Bedeutung mehr zukommt.

10.3 Gutschrift bei Bauaustrocknung

Zur Austrocknung des Mauerwerkes bedarf es bei einem Neubau in der Regel ein Jahr Zeit. Die Austrocknung erfolgt üblicherweise mittels der installierten Raumheizungen. Es ist allgemein anerkannt, dass der Vermieter von Neubauwohnungen in der ersten Abrechnungsperiode einen Anteil der Heizkosten übernimmt[136]. Die Kosten der Bautrocknung sind nämlich grundsätzlich Bauaufwand. Dem Mieter dürfen aber nur die Aufwendungen seines von ihm effektiv getätigten Wärmekonsums verrechnet werden. Die Höhe der dem Mieter zustehenden Gutschrift richtet sich nach dessen Einzug in die Neubauwohnung:

- Einzug per 1. April: Gutschrift von 10 Prozent
- Einzug per 1. Juli: Gutschrift von 15 Prozent
- Einzug per 1. Oktober: Gutschrift von 20 Prozent

---

134 a.a.O., S. 220
135 vgl. z.B. Urteil des Genfer Cour de Justice vom 30. April 1979 in Mit. BWO 9, Nr. 4
136 vgl. Petermann/Fasnacht, a.a.O., S. 80; Prerost/Thanei, a.a.O., S. 60; Meyer, a.a.O., S. 52

10.4 Gutschrift für die Beheizung leer stehender Räume

Gemäss Art. 7 VMWG trägt der Vermieter die Heizkosten leer stehender Wohn- und Geschäftsräume. Heizt der Vermieter leer stehende Räume allerdings nur so weit, dass Frostschäden vermieden werden können, darf er auch für solche Räume reduzierte Heizkostenanteile in der Heizkostenabrechnung berücksichtigen[137].

11 Nicht anrechenbare Heiz- und Warmwasserkosten

Gemäss Art. 6 VMWG sind die Kosten für folgende Aufwendungen nicht als Heiz- und Warmwasserkosten anrechenbar:

- Aufwendungen für die Reparatur und die Erneuerung der Anlagen;
- Aufwendungen für die Verzinsung und Abschreibung der Anlagen.

Wertvermehrende Investitionen sind dem Mieter im Rahmen eines Mietzinserhöhungsverfahrens (Art. 269 d OR) zu belasten; sie können keinesfalls in die Heiz- und Warmwasserabrechnung integriert werden. Dies gilt selbstredend auch für alle anderen mit dem Betrieb der Heizungs- und Warmwasseranlage nicht zusammenhängenden Betriebskosten[138].

Ausnahme:
Gemäss Art. 6a VMWG (eingefügt durch die Revision vom 1. August 1996) darf der Vermieter die tatsächlich anfallenden Kosten in Rechnung stellen, wenn er Heizenergie oder Warmwasser aus einer nicht zur Liegenschaft gehörenden Zentrale, die nicht Teil der Anlagekosten ist, bezieht. Dazu gehören neben den Energiekosten auch die Aufwendungen für die Verzinsung und Abschreibung der ausgelagerten Zentrale.

137 vgl. 13.6
138 vgl. 9.13

12 Die Abrechnung der Heiz- und Warmwasserkosten

12.1 Bei Akontozahlungen zwingend

Der Vermieter bzw. Verwalter ist verpflichtet, über die Heiz- und Warmwasserkosten abzurechnen, wenn diese im Mietvertrag als Akonto-Nebenkosten ausgeschieden sind. Nach Einführung der individuellen verbrauchsabhängigen Heizkostenabrechnung (VHKA) wird der Vermieter von Mietobjekten mit mindestens fünf Wärmebezügern nicht mehr um eine Abrechnung der Heiz- und Warmwasserkosten herumkommen. Die entsprechende Pflicht des Vermieters ist in Art. 4 VMWG statuiert, welcher bei Akontozahlungen eine jährliche Abrechnung zwingend vorschreibt. Auch der Verwalter von Stockwerkeigentümergemeinschaften untersteht einer entsprechenden Abrechnungspflicht (Art. 712s Abs. 2 ZGB). Bei Heiz- und Warmwasserkostenpauschalen erübrigt sich selbstredend eine Abrechnung.

12.2 Detaillierte Abrechnung nicht notwendig, aber empfehlenswert

Aus der Formulierung von Art. 8 VMWG geht hervor, dass der Vermieter nicht etwa gehalten ist, dem Mieter eine detaillierte Abrechnung zukommen zu lassen. Enthält die Heizkostenrechnung allerdings nicht eine detaillierte Abrechnung und Verteilung der Heiz- und Warmwasserkosten, so hat der Vermieter den Mieter auf der Rechnung ausdrücklich auf die Möglichkeit hinzuweisen, eine detaillierte Abrechnung verlangen zu können (Art. 8 Abs. 1 VMWG). Mit dieser Vorschrift hat der Verordnungsgeber der Tatsache Rechnung getragen, dass der jährliche Versand von detaillierten Abrechnungen einen unter Umständen hohen administrativen Aufwand für den Vermieter darstellen kann, zumal nicht alle Mieter an einer detaillierten Abrechnung interessiert sind.

Denkbar ist allerdings, dass der Mieter aufgrund einer mietvertraglichen Klausel oder aufgrund einer Usanz (der Vermieter hat bis anhin stets eine detaillierte Abrechnung versandt) einen Anspruch auf eine detaillierte Abrechnung hat, den er allenfalls gerichtlich durchsetzen kann. Die detaillierte Abrechnung hat stets den Vorteil der besseren Verständlichkeit für den Mieter. Wenn immer möglich, sollte der Vermieter deshalb eine derartige Abrechnung zuhanden des Mieters erstellen. Dabei ist dem Mieter auch mitzuteilen, nach welchem Verteilschlüssel die Kosten auf die einzelnen Mietobjekte aufgeteilt wurden.

Der Mieter oder sein bevollmächtigter Vertreter ist berechtigt, die sachdienlichen Originalunterlagen einzusehen und über den Anfangs- und Endbestand von Heizmaterialien Auskunft zu verlangen (Art. 8 Abs. 2 VMWG). Dieses Recht steht dem Mieter zwingend zu und kann nicht vertraglich wegbedungen werden. Verzichtet der Vermieter auf eine detaillierte Abrechnung, wird der Mieter zu Rückfragen Anlass haben und auch eher von seinem Einsichtsrecht Gebrauch machen. Dies führt ebenfalls zu Umtrieben. Das Einsichtsrecht in die Belege steht dem Mieter auch dann zu, wenn der Mietvertrag eine Pauschale für die Heiz- und Warmwasserkosten vorsieht. Denn auch bei der Bestimmung der Pauschale hat der Vermieter sich grundsätzlich an den (zu erwartenden) tatsächlichen Aufwendungen zu orientieren[139]. Die Pauschalierung ist vor allem in Fällen zu empfehlen, wo es zu ständigen Mieterwechseln kommt, also in erster Linie bei der Vermietung von Zimmern und Einzimmer-Wohnungen[140]. Bei der Wohn- und Geschäftsmiete ist die Vereinbarung von Akontozahlungen der Pauschalierung vorzuziehen. Die Pauschalierung hat den Nachteil, dass sie längerfristig nicht mehr den ursprünglichen Interessen der Vertragsparteien entsprechen könnte. Bei sich ändernden Verhältnissen verändert sich auch die der Pauschalierung zugrunde gelegte Basis. Der Vermieter hat diesfalls die Möglichkeit, die Pauschale auf dem Wege der einseitigen Vertragsänderung an die veränderten Gegebenheiten anzupassen (Art. 269d OR)[141]. Für den Mieter dürfte es schwieriger sein, die Veränderung des Basisbetrages nachvollziehen zu können, obwohl auch der Mieter bei veränderten Berechnungsgrundlagen gemäss Art. 270a OR eine Herabsetzung der Pauschale verlangen könnte. Aus diesem Grunde hat der Mieter auch bei der Vereinbarung einer Heiz- und Warmwasserpauschale das Recht, Einsicht in die Abrechnung und die entsprechenden Belege zu nehmen (Art. 8 Abs. 2 VMWG).

12.3 Detaillierte Abrechnung als Normalfall

Damit der Mieter sich vergewissern kann, dass ihm über die Heiz- und Warmwasserkostenabrechnung keine unzulässigen Aufwendungen wie Reparaturen und Amortisationen bzw. keine artfremden Aufwendungen wie beispielsweise Gartenpflegekosten, Schneeräumungskosten oder Kosten für den Allgemeinstrom verrechnet werden, ist die entsprechende Abrechnung vom Vermieter klar und detailliert darzustellen. Die Abrechnung kann sich also nicht darauf beschränken, bloss auf den verbleibenden Saldo

---

139 vgl. SVIT-Kommentar, N 25 zu Art. 257–257b
140 vgl. Trachsel, a.a.O., S. 74
141 vgl. 1. Teil, 10.1

zugunsten bzw. zu Lasten des Mieters hinzuweisen. Sie kann auch nicht rein summarischer Natur sein. Die Abrechnung sollte in schriftlicher Form verfasst werden, weil nur diese eine seriöse Überprüfung der Abrechnung ermöglicht. Zudem hat die Abrechnung auf den vom Vermieter angewandten Verteilschlüssel hinzuweisen (sofern ein entsprechender Verteilschlüssel nicht bereits im Mietvertrag schriftlich fixiert worden ist). In der Abrechnung sind selbstredend auch die vom Mieter bereits bezahlten Akontobeträge zu berücksichtigen. Wo eine Abrechnung geschuldet ist, hat der Mieter einen Rechtsanspruch auf eine verständliche und überprüfbare Abrechnung.

12.4 Vereinfachte Darstellung der detaillierten Abrechnung als Sonderfall

Wie bereits erwähnt, hat der Vermieter die Möglichkeit, eine vereinfachte Darstellung der Abrechnung zu wählen. Dies ergibt sich aus der Formulierung von Art. 8 Abs. 1 VMWG, wonach der Vermieter die Pflicht hat, auf der Rechnung ausdrücklich darauf hinzuweisen, dass der Mieter, der keine detaillierte Abrechnung erhält, eine solche verlangen kann. Die Wahl der summarischen Darstellung der Abrechnung entbindet somit nicht von der verwaltungsinternen Erstellung einer detaillierten Abrechnung, die dem Mieter auf dessen Verlangen hin vorzulegen ist. Kommt nämlich die Verwaltung einem derartigen Begehren nicht nach, wird ein vom Mieter allfällig geschuldeter Restbetrag nicht zur Zahlung fällig. Das Einsichtsrecht des Mieters in die Belege schliesst die Einsicht in eine detaillierte Abrechnung mit ein[142].

12.5 Zeitpunkt der Abrechnung

Die Verordnung über die Miete und Pacht von Wohn- und Geschäftsräumen (VMWG) schreibt in Art. 4 vor, dass der Vermieter mindestens einmal jährlich über die im Mietvertrag ausgeschiedenen Nebenkosten abzurechnen habe. Diese Norm bezieht sich selbstredend nicht auf Nebenkostenpauschalen. Der Vermieter muss also mindestens einmal jährlich abrechnen. Die jährliche Abrechnung entspricht denn auch der Usanz. Kaum ein Vermieter wird angesichts des Verwaltungsaufwands mehr als einmal pro Jahr eine Heiz- und Warmwasserkostenabrechnung erstellen. Es ist ratsam, im Mietvertrag das Prozedere der Abrechnung (Abrechnungsdatum, Frist zur Vorlage der Abrechnung, Frist zur Belegseinsicht und Anbringen von Einwendungen) zu regeln. Der Mieter geht seines Rückforderungsanspruches für irrtümlich zuviel bezahlte oder zu Unrecht in Rechnung ge-

---

142 vgl. Entscheid des Bezirksgerichtes Zürich vom 28. Mai 1984 in ZR 83 Nr. 107

stellte Nebenkosten allerdings nicht verlustig, wenn er diesen nicht innert der im Vertrag genannten Frist stellt. Bezüglich allfälliger Rückforderungsansprüche gelten zwingend die Verjährungsbestimmungen über die ungerechtfertigte Bereicherung (Art. 62 ff. OR). Nach der Saldoziehung entsteht eine neue Forderung, welche für Vermieter und Mieter mit Ablauf von zehn Jahren verjährt[143]. Die Formularmietverträge enthalten in der Regel entsprechende Bestimmungen. Kommt der Vermieter seiner Abrechnungspflicht nicht nach, müsste der Mieter die Schlichtungsbehörde anrufen. Da dem Mieter nicht bekannt ist, ob ihm ein Guthaben aus der Heizkostenabrechnung zusteht, wird ihm von einer Verrechnung mit dem Mietzins abzuraten sein. Er riskiert ansonsten, in Zahlungsverzug zu geraten, was wiederum zu einer Kündigung wegen Zahlungsverzugs im Sinne von Art. 257d OR führen könnte.

Der Vermieter ist bei der Erstellung der Heiz- und Warmwasserkostenabrechnung zur Sorgfalt verpflichtet. Der Mieter kann nach Treu und Glauben davon ausgehen, dass eine ihm vom Vermieter vorbehaltlos zugestellte Heiz- und Warmwasserkostenabrechnung alle Positionen enthält, die der Vermieter im Einklang mit Art. 5 VMWG dem Mieter belasten will. «Vergisst» der Vermieter einzelne Positionen in der Abrechnung aufzuführen, kann er diese dem Mieter später – nach Zustellung einer vorbehaltlosen Abrechnung – nicht mehr nachbelasten. Der Mieter kann aus der Nichtbelastung einzelner Heizkostenpositionen allerdings nicht davon ausgehen, der Vermieter verzichte auf deren Geltendmachung in zukünftigen Abrechnungsperioden. Hat der Vermieter beispielsweise – aus was für Gründen auch immer – während mehreren Jahren auf die Überwälzung der Kaminfegerkosten auf den Mieter verzichtet, kann er inskünftig anfallende Kaminfegerkosten in kommenden Abrechnungsperioden ohne weiteres wieder belasten. Erstellt eine Liegenschaftenverwaltung fehlerhafte Heiz- und Warmwasserkostenabrechnungen und erwächst dem Eigentümer dadurch ein Schaden, wird sie dafür schadenersatzpflichtig.

Hinsichtlich des Stichtags, auf welchen eine Heiz- und Warmwasserkostenabrechnung zu erstellen ist, enthält die Verordnung keine Regelung. In der Praxis sind weiterhin unterschiedliche Regelungen vorzufinden. Nebst dem 30. Juni (Ende der Heizperiode), sind nach wie vor der 31. März (traditioneller Frühjahrs-Zügeltermin) aber auch der 31. Dezember (Ende Jahr) als Abrechnungsstichtage anzutreffen. Am meisten Sinn dürfte eine Abrechnung auf Ende der effektiven Heizperiode (30. Juni) machen, weil zu diesem Zeitpunkt die Kosten für die gesamte Heizperiode in der Abrechnung berücksichtigt werden können. Die Heizperiode dauert in der Regel

---

[143] vgl. 1. Teil, 9

von Mitte September bis Mitte Mai. Bei den kombinierten Anlagen ist zu beachten, dass diese wegen der Warmwasseraufbereitung während des ganzen Jahres betrieben werden. Bei kombinierten Anlagen kommt dem Stichtag für die Abrechnung keine wesentliche Bedeutung zu. Sinnvollerweise wird aber auch diesfalls ein Stichtag nach Ablauf der Heizperiode gewählt[144].

Falls ein Mieter noch vor Ablauf der Heizperiode aus dem Mietobjekt auszieht, wäre an sich eine Zwischenabrechnung fällig. Das Erstellen einer Zwischenabrechnung kann den Vermieter allerdings vor Probleme stellen, weil ihm zu diesem Zeitpunkt zumeist noch nicht alle für eine Abrechnung wesentlichen Kostenfaktoren vorliegen. Der Mieter hat keinen Rechtsanspruch auf eine Zwischenabrechnung[145]. Der Vermieter wird – wenn immer möglich – dem ausziehenden Mieter die Abrechnung nach Ablauf der Heizperiode zustellen. Diese Lösung ist dann unangezeigt, wenn die Mietparteien in Streit auseinander gehen. In solchen Fällen wird es für den Vermieter oft nicht einfach sein, einen ihm vom Mieter geschuldeten Restbetrag später noch beibringen zu können. Eine Betreibung lohnt sich in der Regel wegen den im Verhältnis zum geschuldeten Betrag zu grossen Umtrieben nicht. Der Vermieter hat zu beachten, dass ihm bei Wohnräumen – im Gegensatz zum früheren Recht – kein Retentionsrecht mehr zusteht. Bei Geschäftsräumen hingegen hat der Vermieter ein Retentionsrecht an den beweglichen Sachen, die sich in den vermieteten Geschäftsräumen befinden und zu deren Einrichtung oder Benutzung gehören (Art. 268 OR). Das Retentionsrecht darf selbstverständlich nur in dem Umfange ausgeübt werden, als es zur Sicherung des ausstehenden Betrages erforderlich ist. Das materielle Retentionsrecht wird in der Regel formell durch das Betreibungsamt, nämlich durch das Aufstellen einer Retentionsurkunde, geltend gemacht (Art. 283 SchKG). Wird eine Zwischenabrechnung erstellt, so schuldet der Mieter selbstverständlich dem Vermieter die ihm zu diesem Zeitpunkt noch nicht verrechenbaren Kosten. Ein vorausschauender Vermieter wird aus den vorgenannten Gründen dafür besorgt sein, dass die vom Mieter zu leistenden Akontobeträge an die Heiz- und Warmwasserkosten in etwa die effektiven Aufwendungen abdecken. Die vertraglich vereinbarten Beträge können nach Vorliegen der entsprechenden Zahlen für das erste Betriebsjahr angepasst werden (gleiches Verfahren wie bei einer Mietzinsanpassung im Sinne von Art. 269d OR)[146]. Damit erübrigen sich später grössere Nachforderungen.

---

144 vgl. Petermann/Fasnacht, a.a.O., S. 93
145 gl. M. Petermann/Fasnacht, a.a.O., S. 93; Meyer, a.a.O., S. 54
146 vgl. 1. Teil, 10.1

13 Die Verteilung der Heiz- und Warmwasserkosten

13.1 Verteilungsgrundsatz

Art. 257b OR sieht zwingend vor, dass dem Mieter nur Nebenkosten in Rechnung gestellt werden dürfen, die den tatsächlichen vom Vermieter erbrachten Leistungen zu entsprechen haben. Dieser Grundsatz ist auch bei der Verteilung der Heiz- und Warmwasserkosten zu beachten. Die Vorschriften betreffend die verbrauchsabhängige Heizkostenabrechnung (VHKA) sind in diesem Zusammenhang ebenfalls zu beachten. Nach dem geltenden Energienutzungsbeschluss des Bundes aus dem Jahre 1990 ist das Prinzip der VHKA bis spätestens Ende April 1998 in der ganzen Schweiz zu realisieren. Die Ausführungsgesetzgebung obliegt den Kantonen. Auf die VHKA wird in Kap. 16 näher eingegangen.

Auch nach der Einführung der VHKA sind die fixen, also nicht verbrauchsabhängigen Heiz- und Warmwasserkosten (Kaminfegerkosten, Revisionskosten etc.) möglichst fair auf die einzelnen Mietparteien zu verteilen. Bei der Wahl eines entsprechenden Verteilschlüssels ist auch die Frage der Praktikabilität auf Seiten des Vermieters bzw. des Verwalters zu berücksichtigen.

13.2 Verteilschlüssel

Im Gegensatz zur früheren Verordnung über Massnahmen gegen Missbräuche im Mietwesen vom 10. Juli 1972 (VMM) nennt die geltende Verordnung keinen vorgeschriebenen Verteilschlüssel mehr. Die VMM verwies auf den von der Heizungsinstallationsfirma gewählten Schlüssel oder auf den Kubikinhalt der beheizten Räume als Verteilschlüssel (Art. 5c). Diese Verteilschlüssel können ohne weiteres auch inskünftig gültig angewendet werden, so weit sich der Wärmeverbrauch nicht durch Zähler ermitteln lässt bzw. nicht durch Zähler ermittelt werden muss. Neben der Wahl des Kubikinhalts der Räume als Verteilschlüssel – abgestellt wird auf den Kubikinhalt der ganzen abgeschlossenen Wohnung – wird da und dort auch auf deren Fläche abgestellt. Teilweise wird die Heizfläche der einzelnen Heizkörper als Verteilschlüssel gewählt, wobei diese Variante für den Mieter schwerer nachvollziehbar ist. Der Vermieter wird die Berechnung der Heizfläche zudem dem Fachmann überlassen, weil dabei auch die Flächen unisolierter Leitungen in die Berechnung mit einzubeziehen sind[147]. Um unnötige Diskussionen mit dem Mieter zu vermeiden, kann es ratsam sein, den

---

147 vgl. Petermann/Fasnacht, a.a.O., S. 99

gewählten Verteilschlüssel bereits im Mietvertrag anzuführen. Der Vermieter hat sich grundsätzlich an den einmal gewählten Verteilschlüssel zu halten. Will er dies nicht, so hat er dies dem Mieter auf demselben Wege wie bei einer Mietzinserhöhung mitzuteilen (Art. 269d OR), weil in einem solchen Falle eine einseitige Vertragsänderung vorliegt. Der Mieter hat die Möglichkeit, den neuen Verteilschlüssel innert 30 Tagen ab Empfang der Mitteilung bei der zuständigen Schlichtungsbehörde anzufechten. Abzuraten ist von der Verteilung nach Mietzinsen oder nach Anzahl Personen, sind solche Verteilschlüssel doch zu ungenau[148].

Wird auf die Vereinbarung eines Verteilschlüssels im Mietvertrag verzichtet, so ist der Vermieter hinsichtlich der Wahl eines anderen Verteilschlüssels flexibler. Weicht er allerdings von dem einmal gewählten Verteilschlüssel ab, kann es sich aufdrängen, den Mietern die Gründe für den Wechsel – der diesfalls nicht auf einem amtlichen Formular mitgeteilt werden muss – zu erläutern. Der Vermieter sollte im Interesse der Verteilgerechtigkeit dafür besorgt sein, dass für alle Mieter in einer Mietliegenschaft dieselben Verteilschlüssel gelten.

Auch beim Stockwerkeigentum sollte auf die Fläche der Stockwerkeinheiten und nicht etwa auf die Wertquoten abgestellt werden[149]. Eine Verteilung nach Wertquoten widerspricht dem Postulat einer gerechten Kostenverteilung. Die Abweichung von der Verteilung nach Wertquoten ist allerdings im Reglement entsprechend festzuhalten. Ohne entsprechende Reglementsbestimmung hat die Verteilung nach Wertquoten zu erfolgen. Die Regelung der VHKA ist selbstverständlich auch beim Stockwerkeigentum anwendbar[150]. Der Verteilschlüssel nach Fläche wird nach definitiver Einführung der VHKA nur noch für die Verteilung der fixen Kosten und für Liegenschaften mit weniger als fünf (in gewissen Kantonen mit weniger als vier) Wärmebezügern zur Anwendung gelangen.

13.3 Heizgradtage

Zur Abklärung von temperaturbedingten Schwankungen im alljährlichen Brennstoff-, Elektrizitäts- oder Fernwärmeverbrauch dienen die so genannten Heizgradtage. Es handelt sich um eine rechnerische Hilfsgrösse. Die Heizgradtage werden von der Schweizerischen Meteorologischen Anstalt (SMA) in Zürich für 56 Messstationen in der Schweiz monatlich berechnet und veröffentlicht. Die Masszahl erfolgt gemäss der Empfehlung des Schweizeri-

---

148 vgl. 1. Teil, 6.3
149 vgl. Kurt Müller, «Der Verwalter von Liegenschaften mit Stockwerkeigentum», 3. Auflage, Zürich 1975, S. 178 f.
150 vgl. 16

schen Ingenieur- und Architekten-Vereins SIA für die Temperatureckdaten 12 Grad (Tagesmitteltemperatur der Aussenluft) und 20 Grad (Raumlufttemperatur). Als Heiztag gilt jeder Tag, an welchem die Aussentemperatur unter 12 Grad fällt, weil 12 Grad Aussentemperatur als Heizgrenze gilt. Während der von September bis Mai dauernden Heizperiode wird diese Heizgrenze zumeist unterschritten. Die Zahl der Heiztage ist je nach Höhenlage und Klimaregion innerhalb der Schweiz stark unterschiedlich.

Beispiel: **Heizgradtage im Juni 1993 und 1994 + langjähriges Mittel**

Ort	Juni 1994	Juni 1993	langjähriges Mittel*
Altdorf	56	0	39
Basel	37	0	27
Bern	68	18	42
Buchs/Suhr	38	8	–
La Chaux-de-Fonds	110	101	97
Chur	49	17	43
Davos	220	251	214
Disentis	119	108	114
Genf	26	8	11
Glarus	71	18	50
Interlaken	62	18	47
Lausanne	27	8	32
Lugano	0	0	5
Luzern	39	0	46
Neuenburg	28	9	28
Schaffhausen	46	0	36
Sion	17	0	11
St. Gallen	80	37	72
St. Moritz	240	250	290
Vaduz	48	8	–
Visp	27	8	–
Zürich	69	8	54

* Periode 1961–1970

Zur Ermittlung der Heizgradtage wird an jedem Heiztag gemessen, um wie viel die tatsächliche Aussenlufttemperatur von der vorausgesetzten Raumlufttemperatur von 20 Grad abweicht. Die Summe der sich an jedem Heiztag eines Monats ergebenden Differenzen entspricht den monatlichen Heizgradtagen. Die entsprechenden Daten werden im «Schweizerischen Hauseigentümer» regelmässig publiziert. Die Heizgradtage dienen neben ihrer Funktion als Verteilschlüssel für die Heizkosten (oft bei grösseren, zumeist fernbeheizten Überbauungen) auch der energietechnischen Gesamtbeurteilung eines Gebäudes durch einen Fachmann. Sie lassen zudem Rückschlüsse auf die Veränderungen im Bereich des Heizölkonsums zu[151]. Der Hauseigentümerverband Schweiz vertreibt zu diesem Zweck eine Energiebuchhaltung und eine Liste der Heizgradtage der jeweils letzten vier Jahre.

13.4 Warmwasserkostenverteilung

Hatte die frühere Verordnung über Massnahmen gegen Missbräuche im Mietwesen (VMM) in der Fassung vom 1. Januar 1978 noch speziell die Verteilung der Warmwasserkosten geregelt (Art. 5c Abs. 2 und 3) statuiert die heute geltende Verordnung über die Miete und Pacht von Wohn- und Geschäftsräumen (VMWG) für die Verteilung der Warmwasserkosten denselben Grundsatz wie für die Verteilung der Heizkosten. So sind als Warmwasserkosten grundsätzlich die tatsächlichen Aufwendungen anrechenbar, die mit dem Betrieb der Warmwasseraufbereitungsanlage direkt zusammenhängen (Art. 5 Abs. 1 VMWG), wobei die Kosten für die Wartung und die Verwaltung nach Aufwand oder im Rahmen der üblichen Ansätze angerechnet werden dürfen (Art. 5 Abs. 3 VMWG). Der Verordnungsgeber geht also grundsätzlich davon aus, dass die Warmwasserkosten dem Mieter gemäss dessen effektivem Verbrauch belastet werden.

Bei zentralen Warmwasseranlagen lässt sich während der Heizperiode der Anteil am Brennstoffverbrauch nur schwer ermitteln, wenn keine speziellen Warmwasserzähler vorhanden sind. In der Regel werden vom Gesamtverbrauch ca. ein Viertel bis ein Drittel auf das Warmwasser entfallen[152]. Sind Warmwasser-Zähler vorhanden, ist der Verbrauch gemäss den vorliegenden Ableseresultaten zu bestimmen. Als Richtgrössen für Warmwasser-Akontozahlungen gelten folgende Ansätze:

1-Zimmer-Wohnung	Fr. 15.–	3-Zimmer-Wohnung	Fr. 25.–
2-Zimmer-Wohnung	Fr. 20.–	4-Zimmer-Wohnung	Fr. 30.–

Diese Zahlen lassen sich auch als Pauschalwerte für die durchschnittlichen angeführten Wohnungsgrössen verwenden[153], wobei bei Liegenschaften, die inskünftig der VHKA unterworfen werden, davon abzuraten ist, Neumietern Heiz- und Warmwasserkosten pauschal zu belasten.

Der Einsatz von speziellen Durchlaufzählern für die Messung des individuellen Warmwasserverbrauchs ist – unabhängig ob von der VHKA vorge-

---

151 vgl. «Heizgradtage zur Kontrolle des Heizaufwandes», Separatdruck des «Schweizerischen Hauseigentümers», Nr. 9 vom 1. Mai 1987; Petermann/Fasnacht, a.a.O., S. 106 f.
152 vgl. Gerber, a.a.O., S. 41
153 vgl. Petermann/Fasnacht, a.a.O., S. 110

schrieben oder nicht – immer dann ratsam, wenn eine Liegenschaft Mietverhältnisse mit stark unterschiedlichen Verbrauchsgewohnheiten aufweist. Das wird immer dann der Fall sein, wenn neben Wohnungsmietverhältnissen in der gleichen Liegenschaft zusätzlich ein Geschäftsmietverhältnis existiert. Arzt- und Zahnarztpraxen, aber auch Coiffeursalons weisen in der Regel einen starken Warmwasserverbrauch auf. Gleiches gilt beim Stockwerkeigentum und bei Liegenschaften mit Ferienwohnungen[154]. Selbstverständlich sind auch zu Gunsten der Mieter Zähler zu empfehlen, wenn von einem unterdurchschnittlich tiefen Warmwasserkonsum auszugehen ist. Eine Anwaltskanzlei weist in der Regel einen wesentlich tieferen Warmwasserverbrauch auf als die benachbarte Familienwohnung.

13.5 Verteilung bei Mieterwechsel

Besondere Probleme hinsichtlich der Heiz- und Warmwasserkostenverteilung ergeben sich für den Vermieter/Verwalter bei Mieterwechseln während einer laufenden Rechnungsperiode. Der Vermieter hat in der dem

Monatlicher prozentualer Heizverbrauch
(1 Jahr = 100%)

	Mittelland	Bergregion	Tessin
Januar	17,5	14,0	21,5
Februar	14,5	11,5	17,0
März	13,5	11,5	15,5
April	9,5	9,0	5,0
Mai	3,5	7,0	0,0
Juni	0,0	4,5	0,0
Juli	0,0	1,0	0,0
August	0,0	4,0	0,0
September	1,0	5,5	0,0
Oktober	10,0	8,5	6,0
November	13,5	10,5	15,0
Dezember	17,0	13,0	20,0

ausziehenden Mieter erstellten Schlussabrechnung den unterschiedlich hohen Wärmebedarf der einzelnen Monate zu berücksichtigen. Für das Mittelland, die Bergregion und das Tessin existieren entsprechende Zahlen, die den durchschnittlichen monatlichen Anteil am Totalwärmeverbrauch ausdrücken[155] (siehe Tabelle).

154 vgl. Petermann/Fasnacht, a.a.O., S. 111
155 vgl. Meyer, a.a.O., S. 54; Petermann/Fasnacht, a.a.O., S. 114; Prerost/Thanei, a.a.O., S. 59

Die prozentuale Verteilung bei einer kombinierten Heizungs- und Warmwasseraufbereitungsanlage ergibt für das Mittelland folgende Werte[156]:

Januar	13,6
Februar	12,1
März	11,5
April	9,3
Mai	5,6
Juni	3,7
Juli	3,7
August	3,6
September	3,7
Oktober	9,5
November	10,7
Dezember	13,0

Die vorstehende Tabelle basiert auf der Erfahrungstatsache, dass die Warmwasseraufbereitung ungefähr einem Viertel des totalen Heiz- und Warmwasserverbrauchs entspricht[157].

156 vgl. Meyer, a.a.O., S. 54; Petermann/Fasnacht, a.a.O., S. 114
157 vgl. Gerber, a.a.O., S. 41

In der Verwaltungspraxis sind folgende Tabellen entwickelt worden, aus denen die entsprechenden Werte bei einem Mieterwechsel direkt entnommen werden können[158]:

Verteilungsschlüssel nach Landesgegenden (ohne VHKA)

Verteilung bei Mieterwechsel während der Heizperiode

Heizungsanlage *ohne* kombinierte Warmwasseraufbereitung Abrechnungszeitpunkt: Ende Juni

HEIZKOSTEN nach Monat	MIETERWECHSEL per Ende ...											
%	Jan. %	Feb. %	März %	April %	Mai %	Juni %	Juli %	Aug. %	Sept. %	Okt. %	Nov. %	Dez. %
Januar 17,5	17,5	17,5	17,5	17,5	17,5	17,5						
Februar 14,5		14,5	14,5	14,5	14,5	14,5						
März 13,5			13,5	13,5	13,5	13,5						
April 9,5				9,5	9,5	9,5						
Mai 3,5					3,5	3,5						
Juni –												
Juli –												
August –												
September 1,0	1,0	1,0	1,0	1,0	1,0	1,0			1,0	1,0	1,0	1,0
Oktober 10,0	10,0	10,0	10,0	10,0	10,0	10,0				10,0	10,0	10,0
November 13,5	13,5	13,5	13,5	13,5	13,5	13,5					13,5	13,5
Dezember 17,0	17,0	17,0	17,0	17,0	17,0	17,0						17,0
Total 100,0	59,0	73,5	87,0	96,5	100,0	100,0		1,0	11,0	14,5	41,5	

Verteilung bei Mieterwechsel während der Heizperiode

Heizungsanlage *mit* kombinierter Warmwasseraufbereitung Abrechnungszeitpunkt: Ende Juni

HEIZ- und WW-Kosten nach Monat	MIETERWECHSEL per Ende ...											
%	Jan. %	Feb. %	März %	April %	Mai %	Juni %	Juli %	Aug. %	Sept. %	Okt. %	Nov. %	Dez. %
Januar 13,6	13,6	13,6	13,6	13,6	13,6	13,6						
Februar 12,1		12,1	12,1	12,1	12,1	12,1						
März 11,5			11,5	11,5	11,5	11,5						
April 9,3				9,3	9,3	9,3						
Mai 5,6					5,6	5,6						
Juni 3,7						3,7						
Juli 3,7	3,7	3,7	3,7	3,7	3,7	3,7	3,7	3,7	3,7	3,7	3,7	3,7
August 3,6	3,6	3,6	3,6	3,6	3,6	3,6		3,6	3,6	3,6	3,6	3,6
September 3,7	3,7	3,7	3,7	3,7	3,7	3,7			3,7	3,7	3,7	3,7
Oktober 9,5	9,5	9,5	9,5	9,5	9,5	9,5				9,5	9,5	9,5
November 10,7	10,7	10,7	10,7	10,7	10,7	10,7					10,7	10,7
Dezember 13,0	13,0	13,0	13,0	13,0	13,0	13,0						13,0
Total 100,0	57,8	69,9	81,4	90,7	96,3	100,0	3,7	7,3	11,0	20,5	31,2	44,2

158 vgl. Gerber, a.a.O., S. 42 f.; Mietrechtspraxis, Indizes und Kennziffern zum Miet- und Wohnungswesen, Ausgabe 1994, S. 17; Bundesamt für Energiewirtschaft, Abrechnungsmodell zur VHKA, Bern 1992, Anhang 6 und 7

Teilabrechnung Grund- und verbrauchsabhängiger Heizkosten (mit VHKA)

Teilabrechnung der Grundkosten

Die Aufteilung der Grundkosten erfolgt gemäss Heizmonaten. Die prozentualen Angaben beruhen auf dem langjährigen Mittel der Heiztage. 6–15 Heiztage zählen als halber, 15–30 Heiztage als ganzer Heizmonat.

Ort	Höhe ü. M.	Jan.	Feb.	März	April	Mai	Juni	Juli	Aug.	Sept.	Okt.	Nov.	Dez.
Lugano	275												
Locarno Monti	379	15,4	15,4	15,4	15,4	–	–	–	–	–	7,6	15,4	15,4
Basel	316												
Genf	405												
Neuchâtel	487												
Sion	549	13,3	13,3	13,3	13,3	6,9	–	–	–	–	13,3	13,3	13,3
Bern	572												
Chur	582												
Lausanne	589												
Luzern	498												
Schaffhausen	435												
Zürich	556	12,5	12,5	12,5	12,5	6,3	–	–	–	6,2	12,5	12,5	12,5
St. Gallen	664	11,1	11,1	11,1	11,1	11,1	5,6	–	–	5,6	11,1	11,1	11,1
Montana	1509	9,5	9,5	9,5	9,5	9,5	4,9	4,8	4,8	9,5	9,5	9,5	9,5
Davos	1561	8,7	8,7	8,7	8,7	8,7	8,7	4,3	8,7	8,7	8,7	8,7	8,7
St. Moritz	1833	8,4	8,4	8,3	8,3	8,3	8,3	8,3	8,3	8,3	8,3	8,4	8,4

Teilabrechnung der verbrauchsabhängigen Heizkosten

Die Aufteilung der verbrauchsabhängigen Heizkosten richtet sich nach den Heizgradtagen[159]. Die prozentualen Zahlen beruhen auf deren langjährigen Mittel. Diese Tabelle ist nur bei Teilabrechnungen ohne Zwischenablesung zu benützen.

Ort	Höhe ü. M.	Jan.	Feb.	März	April	Mai	Juni	Juli	Aug.	Sept.	Okt.	Nov.	Dez.
Lugano	275												
Locarno Monti	379	21,5	17,3	14,3	7,0	–	–	–	–	–	5,1	14,4	20,4
Basel	316												
Genf	405												
Neuchâtel	487												
Sion	549	19,5	15,9	14,9	8,3	2,8	–	–	–	–	6,6	13,4	18,6
Bern	572												
Chur	582												
Lausanne	589												
Luzern	498												
Schaffhausen	435												
Zürich	556	18,2	14,8	13,9	8,4	4,2	–	–	2,0	7,7	13,0	17,8	
St. Gallen	664	17,0	14,2	13,6	8,7	5,7	1,8	–	–	2,8	7,7	11,9	16,7
Montana	1509	14,5	12,8	12,6	9,5	6,6	3,2	1,9	2,5	3,6	7,3	11,2	14,3
Davos	1561	13,8	12,2	11,9	9,0	6,8	3,6	2,6	3,3	4,8	7,8	10,5	13,7
St. Moritz	1833	13,2	11,5	11,5	8,9	7,1	4,5	3,3	3,9	5,3	7,7	10,1	13,0

---

159 vgl. 13.3

13.6 Leer stehende Räume

Die Verordnung (VMWG) bestimmt in Art. 7 Abs. 1, dass grundsätzlich der Vermieter die Heizungskosten für nicht vermietete Wohn- und Geschäftsräume zu tragen hat. Eine Ausnahme sieht die Verordnung für den Fall vor, dass nicht vermietete Wohn- und Geschäftsräume nachweisbar nur so weit geheizt wurden, als dies zur Vermeidung von Frostschäden notwendig war, unter der Voraussetzung, dass keine Wärmeverbrauchsmessgeräte installiert sind (Art. 7 Abs. 2 VMWG). Diesfalls muss der Vermieter nur den folgenden Teil der Heizkosten übernehmen:

- ein Drittel für Zwei- und Dreifamilienhäuser;
- die Hälfte für Vier bis Achtfamilienhäuser;
- zwei Drittel für grössere Gebäude sowie für Büro- und Geschäftshäuser.

Der Verordnungstext verlangt vom Vermieter den Nachweis, dass die fraglichen Räume effektiv reduziert beheizt wurden. Ein solcher Nachweis wird ohne Plombierung der Ventile kaum zu erbringen sein[160]. Bei Wohnungen, die dem VHKA-Obligatorium unterstehen, ist die reduzierte Beheizung dagegen aus den Daten der Messgeräte ersichtlich.

Lässt der Mieter das Mietobjekt leer stehen und fordert er deswegen eine Heizkostenreduktion, kann der Vermieter vom Mieter den Nachweis einer reduzierten Beheizung verlangen. Der Leerstand muss dem Vermieter im Voraus mitgeteilt werden und ausgewiesen sein. Sind Mieträumlichkeiten nachweisbar leer stehend, so kann der Vermieter für diese selbstverständlich auch keinen Kostenanteil für die Warmwasseraufbereitung verrechnen.

Sind für die Ermittlung des individuellen Wärmeverbrauchs Messgeräte installiert, steht dem Vermieter gemäss Verordnung die vorgenannte Möglichkeit nicht offen. Der Vermieter wird diesfalls die Beheizung leer stehender Räumlichkeiten in seinem Interesse auf das notwendige Minimum beschränken. Der Vermieter sollte m. E. auch im Falle der Wärmeverbrauchserfassung mittels Zählern die nach wie vor anfallenden verbrauchsunabhängigen Grundkosten nur im Rahmen der in Art. 7 Abs. 2 VMWG festgelegten Ansätze tragen müssen, sofern die Beheizung der Vermeidung von Frostschäden dient.

13.7 Reduzierte Heizkosten für Garagen und Abstellplätze

Einzelgaragen wie auch Einstellgaragen bei grösseren Überbauungen werden im Normalfall über unisolierte Vorlaufleitungen beheizt und dies nur in

---

160 vgl. Petermann/Fasnacht, a.a.O., S. 116

einem reduzierten Ausmass. Der Beheizungsgrad von Garagen entspricht in etwa einem Drittel des Beheizungsgrades von Wohn- und Arbeitsräumen[161].

161 vgl. Petermann/Fasnacht, a.a.O., S. 117

14 Abrechnungsbeispiele

14.1 Einfacher Sachverhalt

Beim Hauseigentümerverband Schweiz ist seit Jahren ein Heizkostenabrechnungsformular im Vertrieb, das dem Vermieter/Verwalter die entsprechende Abrechnung erleichtert.

Die Abrechnung mittels Formular ist nachfolgend am Beispiel einer Liegenschaft mit zwölf Mietwohnungen dargestellt:

14.1.1 Formularvorderseite

Auf der Formularvorderseite ist vorerst eine Zusammenstellung der Brennstoffkosten (Heizöl) vorzunehmen. Dabei sind die Vorräte am Schluss der letzten Heizperiode, die Einkäufe während der der Abrechnung zugrunde liegenden Heizperiode sowie die Vorräte am Ende der Heizperiode für die Berechnung des effektiven Heizölverbrauchs massgebend. Der effektive Verbrauch wird demnach wie folgt berechnet: Anfangsbestand (zu Beginn der Abrechnungsperiode) zuzüglich Neueinkäufe (während der laufenden Periode) abzüglich Endbestand im Tank (am Ende der Abrechnungsperiode). Bei unterschiedlichen Heizölpreisen wird davon ausgegangen, das früher eingekaufte Heizöl sei auch früher verbraucht worden. Die unter den Positionen 2 – 12 angeführten weiteren Kosten werden als ausgewiesen angenommen. Betriebskosten für Alternativenergien dürfen selbstverständlich nur dann in die Abrechnung aufgenommen werden, sofern tatsächlich Alternativenergien verwendet wurden. Die Position 13 (Verschiedenes) dient für allfällige weitere im Zusammenhang mit der Beheizung der Liegenschaft anfallende Kosten. Keinesfalls dürfen an dieser Stelle heizkostenfremde Ausgaben (Gartenpflege, Anschaffung eines Feuerlöschers, Allgemeinstrom etc.) eingesetzt werden. Wie bereits erwähnt, dürfen ferner weder Reparaturen der Heizanlage noch deren Amortisation in der Heizkostenabrechnung dem Mieter verrechnet werden[162].

162 vgl. 11

Abrechnungsbeispiele 113

Liegenschaft: Zypressenstrasse 85, 8408 Winterthur

Heizkostenabrechnung für die Heizperiode 2000 / 2001

1. Brennmaterial		
Vorrat nach Schluss der letzten Heizperiode:		
7500 l/kg à Fr. 30.14 = Fr. 2260.50 =		
l/kg à = =	Fr. 2260.50	
zuzüglich: Einkäufe von Brennmaterialien:		
8960 l/kg à Fr. 29.61 = Fr. 2653.80		
l/kg à =		
l/kg à =		
l/kg à =		
l/kg à = =	Fr. 2653.80	
Total Vorrat und Einkäufe:	Fr. 4914.30	
abzüglich: Vorrat nach Schluss der Heizperiode (per 1.07.2001)		
3000 l/kg à Fr. 29.61 = Fr. 888.30		
l/kg à =	Fr. 888.30	
Tatsächlicher Brennmaterialverbrauch:	Fr. 4026.00	
2. Betriebskosten für Alternativenergien		
3. Elektrischer Strom für Brenner und/oder Umwälzpumpe	Fr. 365.00	
4. Kaminfeger	Fr. 211.50	
5. Abfall- und Schlackenbeseitigung		
6. Reinigung und Revision des Heizungskessels	Fr. 632.50	
7. Entkallkung der Warmwasseranlage der Boiler und des Leitungsnetzes		
8. Service-Abonnement für Brenner		
9. ~~Tankrevision bzw. Anteil Tankrevision~~ Anteil Boiler-Revision	Fr. 660.00	
10. Service Wärmezähler		
11. Wartung/Bedienung (inkl. AHV-Beitrag)	Fr. 360.00	
12. Versicherungsprämien (insbes. für Tankanlagen)		
13. Verschiedenes		
Heizkosten:	Fr. 6255.00	
14. Verwaltungshonorar 3% der Heizkosten	Fr. 187.75	
Gesamt-Heizkosten:	Fr. 6442.75	

Hauseigentümerverband Schweiz, Mühlebachstrasse 70, Postfach, 8032 Zürich (Nachdruck verboten)   Bestellzeichen: Form. Nr. E 151

HEV Schweiz

14.1.2 Formularrückseite

(Heizung ohne kombinierte Warmwasseraufbereitungsanlage)

Die Verteilung der Kosten richtet sich nach dem Kubikinhalt der Mietwohnungen. Bei einer Liegenschaft mit vier Wärmebezügern wird die Abrechnung auch in Zukunft nach diesem Verteilschlüssel vorzunehmen sein, weil in den meisten Kantonen die verbrauchsabhängige Heizkostenabrechnung (VHKA) für Liegenschaften mit mindestens fünf Wärmebezügern vorgeschrieben ist. Allerdings liegt es in der Kompetenz der Kantone, dieses Erfordernis zu verschärfen.

Abrechnungsbeispiele 115

Formular-Rückseite

Liegenschaft: Zypressenstrasse 85, 8408 Winterthur

Verteilung der Gesamtkosten unter die Rauminhaber

Etage	Mieter		Rauminhalt m³	Anteil in %	Betrag			
P.	Meier	4 Zi.	205	8,85	570.20			
P.	Müller	4 Zi.	205	8,85	570.20			
P.	Keller	3 Zi.	170	7,30	470.30			
1.	Baumberger	4 Zi.	205	8,85	570.20			
1.	Koller	4 Zi.	205	8,85	570.20			
1.	Schlatter	3 Zi.	170	7,30	470.30			
2.	Suter	4 Zi.	205	8,85	570.20			
2.	Huber	4 Zi.	205	8,85	570.20			
2.	Egli	3 Zi.	170	7,30	470.30			
3.	Gandolfo	4 Zi.	205	8,85	570.20			
3.	Casutt	4 Zi.	205	8,85	570.20			
3.	Wirth	3 Zi.	170	7,30	470.30			
			2320	100	6442.60			

Gesamt-Heizkosten: Fr. 6442.60 (abgerundet von Fr. 6442.75)

Abrechnung für Schlatter, 1. Stock (3-Zimmer-Whg)   Ihr Anteil: 7,30 % = Fr. 470.30

Ihre Teilzahlungen

12 Monatsanteile à Fr. 50.00 vom 01.07. 20 00
                                 bis 30.06. 20 01   = Fr. 600.00

Saldo zu ~~unseren~~ Gunsten   = Fr. 129.70
         Ihren

Ich
~~Wir bitten Sie, diesen Betrag innert 30 Tagen zu überweisen.~~ Ihr Guthaben wird Ihnen in den nächsten
Tagen auf Ihr Postcheckkonto überwiesen.

Allfällige Beanstandungen müssen innert 10 Tagen schriftlich angebracht werden. Innert der gleichen Frist liegen die Belege zur Einsicht auf.

Der Vermieter

Datum: 24. September 2001   BAUGENOSSENSCHAFT BUELRAIN WINTERTHUR

Über die Heizkosten und ihre Verteilung bestehen gesetzliche Bestimmungen (vgl. Verordnung über die Miete und Pacht von Wohn- und Geschäftsräumen).
Eine Anleitung zum Einstellen der Heizkostenabrechnung ist in Form der Broschüre «Nebenkosten/Heizkosten» beim Hauseigentümerverband Schweiz erhältlich.

14.1.3 Formularrückseite

(Heizung mit kombinierter Warmwasseraufbereitungsanlage)

Auf der Formularrückseite ist der Warmwasserbezug gesondert zu berücksichtigen, sofern eine Heizungsanlage mit kombinierter Warmwasseraufbereitungsanlage vorliegt. Die Verteilung des Warmwassers erfolgt nach Anzahl Zapfstellen, also nicht nach Rauminhalt. In diesem Zusammenhang ist noch einmal darauf hinzuweisen, dass vom Gesamtaufwand ca. drei Viertel auf die Heizkosten und ca. ein Viertel auf die Warmwasserkosten entfallen[163].

163 vgl. Gerber, a.a.O., S. 54

Abrechnungsbeispiele 117

Formular-Rückseite

Liegenschaft: Zypressenstrasse 85, 8408 Winterthur

Verteilung der Gesamtkosten unter die Rauminhaber

Etage	Mieter		Rauminhalt m³	Anteil in % Heizk.	Betrag	Heizk. 75%	Warmwasserk. Anzahl Zapfst.	Betrag
P.	Meier	4 Zi.	205	8,85		427.65	4	146.40
P.	Müller	4 Zi.	205	8,85		427.65	4	146.40
P.	Keller	3 Zi.	170	7,30		352.70	3	109.85
1.	Baumberger	4 Zi.	205	8,85		427.65	4	146.40
1.	Koller	4 Zi.	205	8,85		427.65	4	146.40
1.	Schlatter	3 Zi.	170	7,30		352.70	3	109.85
2.	Suter	4 Zi.	205	8,85		427.65	4	146.40
2.	Huber	4 Zi.	205	8,85		427.65	4	146.40
2.	Egli	3 Zi.	170	7,30		352.70	3	109.85
3.	Gandolfo	4 Zi.	205	8,85		427.65	4	146.40
3.	Casutt	4 Zi.	205	8,85		427.65	4	146.40
3.	Wirth	3 Zi.	170	7,30		352.70	3	109.85
			2320	100		4832.00	44	1610.70

Gesamt-Heizkosten: Fr. 4832.00   /Gesamt-Warmwasserkosten: Fr. 1610.70

Abrechnung Schlatter, 1. Stock (3-Zimmer-Whg)   HK   Ihr Anteil: 7,30 % = Fr. 352.70
                                                WK dito   3/44   Fr. 109.85
Ihre Teilzahlungen   TOTAL Fr. 462.55

12   Monatsanteile à Fr. 50.00   vom 01.07. 20 00
                                   bis 30.06. 20 01   = Fr. 600.00

Saldo zu unseren/Ihren Gunsten   = Fr. 137.45

Wir bitten Sie, diesen Betrag innert 30 Tagen zu überweisen. Ihr Guthaben wird Ihnen in den nächsten
                                                             Tagen auf Ihr Postcheckkonto überwiesen.

Allfällige Beanstandungen müssen innert 10 Tagen schriftlich angebracht werden. Innert der gleichen Frist liegen die Belege zur Einsicht auf.

Der Vermieter

Datum: 24. September 2001   BAUGENOSSENSCHAFT BUELRAIN WINTERTHUR

Über die Heizkosten und ihre Verteilung bestehen gesetzliche Bestimmungen (vgl. Verordnung über die Miete und Pacht von Wohn- und Geschäftsräumen).
Eine Anleitung zum Einstellen der Heizkostenabrechnung ist in Form der Broschüre «Nebenkosten/Heizkosten» beim Hauseigentümerverband Schweiz erhältlich.

14.2 Kompliziertere Sachverhalte

14.2.1 Leer stehende Wohnung

Wie sieht die Abrechnung aus, wenn eine Wohnung nicht vermietet ist, also leer steht und deswegen gleichzeitig der Warmwasserbezug für diese Wohnung entfällt?

Als Beispiel dient ein Mehrfamilienhaus mit 24 Mietwohnungen (à 3 Zimmer) im 1. bis 4. Stockwerk und einer 2-Zimmer-Wohnung im Dachstock. Die 2-Zimmer-Dachwohnung stand im Rechnungsjahr leer. Sie ist zudem nicht an die zentrale Warmwasseraufbereitungsanlage des Hauses angeschlossen.

Heiz- und Warmwasserkostenabrechnung (Beispiel)

Heizkosten-Abrechnung 2000/01
[Abrechnungsperiode: 1.07.00 bis 30.06.01]

Energieverbrauch (Heizöl)		Betrag in Fr.
01.07.00	Vorrat 1.07.00 / 9'200 Liter	2'884.20
30.09.00	Kübler/Einkauf 16 172 Liter à Fr. 29.–	4'690.20
20.01.01	Aral/15 601 Liter à Fr. 29.61	4'620.50
29.03.01	Gerber/20 080 Liter à Fr. 23.99	4'818.50
30.06.01	Vorrat 1.07.01 / 8'600 Liter	–2'063.15
	Total Brennstoff-Verbrauch:	14'950.25
Kessel-/Kaminreinigung		473.—
Revision und Service		490.—
Pumpen- und Brennerstrom (inkl. Boilerstrom)		360.—
Anteil Boilerrevision (1/5)		665.25
Rauchgaskontrolle		53.—
Heizbedienung (Wartung)		480.—
3 Prozent Verwaltung (von Fr. 17'471.50)		524.15
Gesamt-Total Heiz-/Warmwasserkosten		17'995.65
abzüglich Warmwasserkostenpauschale (1/4)		4'498.90
Heizkosten (75 %)		13'496.75

Verteilung der Heiz- und Warmwasserkosten auf die einzelnen Wohnungen (die Warmwasserkosten verteilen sich je hälftig auf die Wohnungen im 1. und 2. Stock und auf diejenigen im 3. und 4. Stock; die leer stehende Dachwohnung verfügt über einen eigenen Warmwasserboiler und wurde während der Heizperiode zur Vermeidung von Frostschäden reduziert beheizt):

1. und 2. Stock (12 3-Zimmer-Wohnungen)	
Warmwasser 1/2 von Fr. 4'498.90	Fr. 2'249.45
pro Wohnung (1/12 von Fr. 2'249.45)	Fr. 187.45
Heizung 48 % von Fr. 13'496.75	Fr 6'478.45
pro Wohnung (1/12 von Fr. 6'478.45)	Fr. 539.85
Anteil leere Wohnung	Fr. 89.95
Anteil leere Wohnung pro Wohnung (1/12 von Fr. 89.95)	Fr. 7.50
3. und 4. Stock (12 3-Zimmer-Wohnungen)	
Warmwasser 1/2 von Fr. 4'498.90	Fr. 2'249.45
pro Wohnung (1/12 von Fr. 2'249.45)	Fr. 187.45
Heizung 48 % von Fr. 13'496.75	Fr. 6'478.45
pro Wohnung (1/12 von Fr. 6'478.45)	Fr. 539.85
Anteil leere Wohnung	Fr. 89.95
Anteil leere Wohnung pro Wohnung (1/12 von Fr. 89.95)	Fr. 7.50
Dachwohnung (2 Zimmer/ohne Warmwasser)	
Heizung 4 % von Fr. 13'496.75	Fr. 539.85
– zu Lasten Wohnungen 1. und 2. Stock	Fr. 89.95
– zu Lasten Wohnungen 3. und 4. Stock	Fr. 89.95
– zu Lasten Vermieter (2/3 von Fr. 539.85; gemäss Art. 7 Abs. 2 VMWG)	Fr. 359.90

Gemäss obenstehender Abrechnung hat der einzelne Mieter einen Heiz- und Warmwasserkostenanteil von Fr. 734.80 zu tragen. Bei der Erstellung der Abrechnung an den einzelnen Mieter sind die von diesem allenfalls bereits geleisteten monatlichen Akontozahlungen in Abzug zu bringen. Übersteigt der Betrag der Aktontozahlungen denjenigen von Fr. 734.80 ist der Überschuss dem Mieter rückzuvergüten.

14.2.2 Stockwerkeigentums-Siedlung mit unverkauften Wohnungen

Wie werden die Heizkosten in einer Stockwerkeigentümersiedlung verteilt, wenn mehrere Wohnungen noch nicht verkauft sind, demzufolge also leer stehen? Gleich wie bei Mietwohnungen werden derartige Wohnungen nur in einem stark reduzierten Grade beheizt. Eine minimale Beheizung ist zur Vermeidung von Frostschäden unumgänglich. Gemäss Art. 712 h Abs. 3 des Zivilgesetzbuches (ZGB) ist bei der Verteilung der Kosten der Tatsache Rechnung zu tragen, dass unter Umständen bestimmte gemeinschaftliche Bauteile, Anlagen oder Einrichtungen einzelnen Stockwerkeinheiten nicht oder nur in ganz geringem Masse dienen. Diese Norm ist zwingender Natur und kann durch Bestimmungen des Reglementes nicht wegbedungen werden[164]. Sie ist selbstverständlich auch auf den Fall leer stehender und mithin nur minimal beheizter Stockwerkeinheiten anwendbar. Sieht das Reglement vor, dass für leer stehende Wohnungen keine Heizkostenrückvergütungen zu gewähren sind[165], so ist eine derartige Vorschrift nichtig. Sie verstösst gegen die zwingende Bestimmung von Art. 712 h Abs. 3 ZGB (vgl. Art. 20 OR).

15 Die Heizkosten-Schlussabrechnung

Im Normalfall ist im Mietvertrag vorgesehen, dass der Mieter monatliche (allenfalls periodische) Akontozahlungen zu leisten hat. In der Schlussabrechnung sind die vom Mieter bereits geleisteten Zahlungen zu verrechnen. Je nachdem ergibt sich nach der Verrechnung ein Restguthaben zugunsten des Vermieters oder des Mieters. Im Regelfall wird es sich dabei – das erste Abrechnungsjahr möglicherweise ausgenommen – um kleinere Beträge handeln. In den meisten Fällen wird dem Mieter ein allfälliges Guthaben ausbezahlt. Um Kosten zu sparen, laden gewisse Verwaltungen den Mieter ein, das Guthaben während einer bestimmten Zeit direkt bei der Verwaltung in bar zu beziehen. Dies wird allerdings nur dann sinnvoll sein, wenn die Verwaltung in örtlicher Hinsicht in der Nähe der vermieteten Liegenschaften situiert ist. Die Umtriebe wären ansonsten für den Mieter unzumutbar, zumal es sich bei Geldschulden um so genannte Bringschulden handelt (vgl. Art. 74 Abs. 2 Ziff. 1 OR). Im Zeitalter der vorgedruckten Post-Einzahlungsscheine ist eine Verrechnung mit der nächsten Mietzinszahlung für den Mieter nicht möglich, weil Korrekturen der Frankenbeträge auf den Einzahlungsscheinen aus Sicherheitsgründen verboten sind. Was die weiteren Kriterien einer rechtsgenügenden Abrechnung betrifft, kann auf die in Kap. 12 gemachten Ausführungen verwiesen werden.

Der Vermieter hat dem Mieter für die Zahlung einer allfälligen Restschuld eine angemessene Frist anzusetzen. Die Frist ist im Einklang mit der

---

164 vgl. Meier-Hayoz/Rey, Berner Kommentar, ZGB 712 h, N 66; BGE 107 II 143 f.
165 vgl. Petermann/Fasnacht, a.a.O., S. 125 f.

im Zahlungsverkehr üblichen 30-tägigen Frist nicht unter 30 Tagen anzusetzen.

Mit der Zustellung der Schlussabrechnung an den Mieter wird die Forderung des Vermieters zur Zahlung fällig. Die Forderung des Vermieters wird diesfalls erst mit der Vornahme der Abrechnung bestimmt und aus diesem Grunde nicht vor der Rechnungsstellung erfüllbar und fällig[166]. Der Mieter hat somit einer allfälligen Zahlungsaufforderung des Vermieters für Heizkosten, die den Betrag der vereinbarten Akontozahlungen überschreiten, erst nach Vorliegen der entsprechenden Abrechnung nachzukommen[167]. Zahlt der Mieter innert der ihm gesetzten Frist nicht, gerät er ohne Mahnung ohne weiteres in Verzug. Der Vermieter wird allerdings gut beraten sein, den Mieter vor Einleitung einer Betreibung noch einmal schriftlich auf die ausstehende Forderung aufmerksam zu machen. Begleicht der Mieter die Schuld nicht, riskiert er im Prinzip eine ausserordentliche Kündigung wegen Zahlungsverzugs im Sinne von Art. 257d Abs. 1 OR. Eine solche Kündigung setzt allerdings eine Zahlungsfristansetzung von mindestens 30 Tagen, verbunden mit einer expliziten Kündigungsandrohung für den Fall der Nichtbezahlung, voraus. Bei den hier zur Diskussion stehenden Geldbeträgen – diese machen zumeist einen Bruchteil der vom Mieter geleisteten Akontozahlungen aus – ist ein derartiges Vorgehen m. E. jedoch in den meisten Fällen als unverhältnismässig anzusehen und es ist davon abzuraten. In der Literatur wird denn auch die Meinung vertreten, eine Kündigung sei ausgeschlossen, wenn sich der Zahlungsrückstand des Mieters auf minimale Beträge bezieht[168]. Anders würde es sich selbstverständlich verhalten, wenn die Bezahlung grösserer Beträge aussteht. Dies ist beispielsweise bei zu tief veranschlagten Akontozahlungen bei einer Erstvermietung der Fall. Im Gegensatz zum früheren Recht steht dem Vermieter von Wohnräumen kein Retentionsrecht an den beweglichen Sachen im Mietobjekt mehr zu, mit welchem er seine Forderung sichern könnte (Art. 268 Abs. 1 OR).

---

166 vgl. Entscheide des Zürcher Handelsgerichtes vom 17. Januar 1969 und des Bundesgerichtes vom 30. September 1969 in ZR 68 Nr. 89
167 vgl. Urteil des Bezirksgerichtes Zürich vom 17. Januar 1992 in Zürcher Mietrechtspraxis, Heft 2/1992
168 vgl. Guhl/Merz/Koller, a.a.O., S. 402

16 Die verbrauchsabhängige Heizkostenabrechnung (VHKA)

16.1 Die rechtlichen Grundlagen der VHKA

16.1.1 Rechtliche Grundlagen des Bundes

Durch die vorgeschriebene Einführung der verbrauchsabhängigen Heizkostenabrechnung (VHKA) werden die vorstehenden Abrechnungsbeispiele und die geschilderten Verteilschlüssel nicht überflüssig, weil die fixen Kosten nach wie vor nach den bisher geltenden Grundsätzen auf die einzelnen Wärmebezüger verteilt werden müssen. Dass beispielsweise Kosten von Tankrevisionen und Kaminfegerkosten verbrauchsunabhängig anfallen, ist einleuchtend. Die Kosten des Wärmeverbrauchs müssen mindestens zur Hälfte nach dem tatsächlichen Verbrauch abgerechnet werden.

Gemäss Art. 89 der Bundesverfassung (BV) vom 18. April 1999 sind für Massnahmen, die den Verbrauch von Energie in Gebäuden betreffen, vor allem die Kantone zuständig.

Diesem Grundsatz trägt das revidierte Energiegesetz des Bundes vom 26. Juni 1998 (EnG) – in Kraft seit dem 1. Januar 1999 – Rechnung. Das Energiegesetz schreibt den Kantonen in Art. 9 Abs. 3 vor, Vorschriften über die verbrauchsabhängige Heiz- und Warmwasserkostenabrechnung (VHKA) in Neubauten zu erlassen. Es steht somit im Ermessen der Kantone, das VHKA-Obligatorium auch für Altbauten vorzuschreiben. Der bis am 31. Dezember 1998 geltende Energienutzungsbeschluss des Bundes (ENB) sah vor, dass zentral beheizte Gebäude mit mindestens fünf Wärmebezügern spätestens sieben Jahre nach Inkrafttreten des Beschlusses (30. April 1998) mit den nötigen Geräten zur Erfassung und Regulierung des Wärmeverbrauchs auszurüsten seien, so weit dies technisch und betrieblich möglich und der Aufwand verhältnismässig sei.

16.1.2 Rechtliche Grundlagen der Kantone

In verschiedenen Kantonen bestehen kantonale Ausführungsbestimmungen zur VHKA. Bereits mehrere Kantone haben seit Inkrafttreten des neuen Energiegesetzes des Bundes auf das bisher bestehende VHKA-Obligatorium für Altbauten verzichtet. Dem VHKA-Obligatorium für Altbauten erwächst auch im Kanton Zürich eine starke politische Opposition. Die Wahrscheinlichkeit, dass es über kurz oder lang aus dem kantonalen Energiegesetz gestrichen wird, ist gross, zumal der Zürcher Kantonsrat (Legislative) sich am 5. März 2001 in erster Lesung für dessen Streichung ausgesprochen hat. Bei den entsprechenden Energiefachstellen der Kantone können Auskünfte zu den entsprechenden kantonalen Regelungen eingeholt werden. So ist beispielsweise im Kanton Zürich das Amt für Abfall, Wasser, Energie und Luft (AWEL) die entsprechende Anlaufstelle.

Es würde den Rahmen dieses Buches sprengen, alle kantonalen Gesetzgebungen zur VHKA zu zitieren. Als Beispiel einer bereits in Kraft stehenden kantonalen Ausführungsgesetzgebung ist im Folgenden diejenige des Kantons Zürich zitiert.

Das Energiegesetz des Kantons Zürich vom 19. Juni 1983 enthält folgende die VHKA betreffenden Bestimmungen (Fassung gemäss Gesetz vom 25. Juni 1995, in Kraft seit 1. Oktober 1997):

§ 9 Installationspflicht
Neue, zentral beheizte Gebäude mit mindestens fünf Wärmebezügern sind mit Geräten zur Erfassung und Regulierung des individuellen Wärmeverbrauchs für Heizung und Warmwasser auszurüsten.

Übergangsbestimmungen
1. Im Zeitpunkt des Inkrafttretens bestehende zentral beheizte Gebäude mit mindestens fünf Wärmebezügern sind innert fünf Jahren nach Inkrafttreten dieser Gesetzesänderung mit Geräten zur Erfassung und Regulierung des individuellen Wärmeverbrauchs auszurüsten, wenn es technisch und betrieblich möglich und der Aufwand verhältnismässig ist. Der individuelle Wärmeverbrauch für Warmwasser muss erst erfasst werden, wenn das Verteilsystem ersetzt wird.

Die kantonale Verordnung über die ordentlichen technischen und übrigen Anforderungen an Bauten, Anlagen, Ausstattungen und Ausrüstungen (Besondere Bauverordnung I) vom 6. Mai 1981 hält bezüglich der verbrauchsabhängigen Heiz- und Warmwasserkostenabrechnung (eingefügt durch Regierungsratsbeschluss vom 8. Mai 1996, in Kraft seit 1. Oktober 1997) Folgendes fest:

a) Installationspflicht
§ 42 Als Wärmebezüger gelten
  a) Wohnungen mit eigener Kücheneinrichtung
  b) Betriebe, Büros, Verkaufsläden und dergleichen mit eigenem Stromzähler
sofern die Mietdauer in der Regel mehr als ein Jahr beträgt. Alterssiedlungen mit einem überwiegenden Anteil an Gemeinschaftsräumen gelten als ein Wärmebezüger.

In installationspflichtigen Gebäuden sind Einrichtungen einzubauen, die es ermöglichen, die Temperatur in jedem beheizten Raum einzeln einzustellen und selbsttätig zu regeln. Ausgenommen sind Räume, die überwiegend mittels träger Flächenbeheizungen mit einer Vorlauftemperatur von höchstens 30 °C beheizt werden.

b) Befreiung von der Installationspflicht bei bestehenden Bauten
§ 42a Bei bestehenden Gebäuden besteht die Installationspflicht in folgenden Fällen nicht für einzelne Wärmebezüger, sondern nur für Bezügergruppen:
a) bei Luftheizungen;
b) bei Boden- oder Deckenheizungen;
c) wenn ein einzelner Wärmebezüger mehr als 80% der beheizten Fläche belegt und die separate Erfassung seines Verbrauchs zu unverhältnismässigen Kosten führen würde;
d) wenn die installierte Wärmeerzeugerleistung weniger als 30 Watt pro Quadratmeter Energiebezugsfläche beträgt.
Für Gebäude, die innert fünf Jahren abgebrochen werden oder deren Wärmeverteilung erheblich umgebaut wird, kann die Übergangsfrist bis spätestens Ende 2006 verlängert werden.
Die Baudirektion kann weitere Ausnahmen von der Installationspflicht bewilligen, wenn besondere Verhältnisse dies rechtfertigen.

c) Messgeräte
§ 43 Es dürfen nur Messgeräte (Heizkostenverteiler und Wärmezähler) eingebaut werden, welche vom Bund zugelassen sind. Fehlen solche Bestimmungen, regelt die Direktion der öffentlichen Bauten die Zulassung.

d) Individuelle Abrechnung
§ 44 Bestehen in zentral beheizten Gebäuden und Gebäudegruppen mit mindestens fünf Wärmebezügern die erforderlichen messtechnischen Einrichtungen, werden mindestens 60% der Wärmekosten dem einzelnen Bezüger entsprechend dem tatsächlichen Verbrauch belastet.
Die Baudirektion kann Ausnahmen von der Abrechnungspflicht bewilligen, wenn besondere Verhältnisse dies rechtfertigen.
Die Wärmekosten umfassen die anrechenbaren Heiz- und Warmwasserkosten gemäss den Bestimmungen über den Mietvertrag im Schweizerischen Obligationenrecht.

16.2 Welche Gebäudeeigentümer unterstehen der VHKA?

Aus den zitierten rechtlichen Grundlagen des Bundes ergibt sich, dass zentral beheizte Neubauten von der VHKA betroffen sind. Die Kantone sind verpflichtet, entsprechende Vorschriften zu erlassen. Es liegt zudem in deren Kompetenz, das VHKA-Obligatorium auch auf Altbauten auszudehnen, beizubehalten oder abzuschaffen. Im Kanton Zürich besteht seit 1. Oktober 1997 ein entsprechendes Obligatorium. Gemäss den energierechtlichen Bestimmungen in der Besonderen Bauverordnung I sind zudem wenigstens 60% der Wärmekosten verbrauchsabhängig abzurechnen.

16.3 Projektierung und Realisierung der VHKA

Das Bundesamt für Energiewirtschaft hat unter dem Titel «Projektierung und Realisierung der verbrauchsabhängigen Heizkostenabrechnung VHKA» eine Broschüre zur Einführung der VHKA publiziert, die bei der Eidgenössischen Drucksachen- und Materialzentrale, 3000 Bern, bezogen werden kann. Beim Bundesamt für Energiewirtschaft, 3003 Bern (Tel. 031 / 322 56 11), sind zudem eine Checkliste und ein Faltblatt sowie ein Abrechnungsmodell zur VHKA erhältlich. Diese Broschüren vermitteln zusammen mit allfälligen kantonalen Publikationen eine umfassende Information über die VHKA. Die nachstehenden Ausführungen stützen sich denn auch in fachspezifischer Hinsicht auf die vorgenannten Quellen.

16.4 Übersicht über die Grundzüge der VHKA

Im Folgenden sollen die Grundzüge der VHKA kurz dargestellt werden, um dem Vermieter/Verwalter eine erste Übersicht zu vermitteln. Eine weitergehende Beschäftigung mit der VHKA macht jedoch den Beizug vorerwähnter Publikationen unumgänglich. Bei grösseren Liegenschaften dürfte es ferner sinnvoll sein, die Abrechnung der Heiz- und Warmwasserkosten derjenigen Firma in Auftrag zu geben, welche mit der Installation der entsprechenden Messgeräte betraut worden ist. Der einzelne Mieter/Stockwerkeigentümer muss nach Einführung der VHKA die Möglichkeit haben, die Raumtemperaturen mittels thermostatischer Heizkörperventile selber regeln zu können. Das Bundesamt für Energiewirtschaft weist in seinem Abrechnungsmodell ausdrücklich darauf hin, dass die Ablesung der Verbrauchsdaten und die Abrechnung durch technisch geschultes Personal vorzunehmen ist. Die anfallenden Verwaltungskosten sind Heizkosten im Sinne von Art. 5 Abs. 2 lit. f VMWG und können dem Mieter weiterbelastet werden.

16.4.1 Installation der Wärmegeräte als wertvermehrende Investition

Die Installation der Wärmegeräte bei Mietliegenschaften ist eine wertvermehrende Investition und kann vom Vermieter mittels einer Mietzinsanpassung (Verfahren gemäss Art. 269d OR) auf die Mietzinse überwälzt werden. Da es sich dabei um eine Neuinvestition handelt, ist von einem Mehrwert von 100% auszugehen.

Es gelten folgende Überwälzungssätze:

	Überwälzungssatz bei einem Hypothekarzinssatz von					
	4%	5%	6%	7%	8%	Lebensdauer
Heizkostenverteiler	12,6%	13,3%	13,9%	14,6%	15,3%	12 Jahre
Wärmezähler	12,1%	12,8%	13,4%	14,1%	14,8%	12 Jahre
Thermostatische Heizkörperventile	10,0%	10,6%	11,3%	12,0%	12,7%	15 Jahre

Ist zur Einführung der VHKA eine Grobanalyse notwendig (in erster Linie bei Grossüberbauungen) können auch deren Kosten auf den Mietzins überwälzt werden (Überwälzungssatz analog desjenigen für thermostatische Heizkörperventile). (Rechnungsbeispiel Seite 127)

16.4.2 Überwälzung der Betriebskosten in der Heizkostenabrechnung

Der Vermieter darf die im Zusammenhang mit der VHKA anfallenden Betriebskosten in der jährlichen Heiz- und Warmwasserkostenabrechnung dem Mieter belasten. Es sind dies nebst den oben bereits erwähnten Verwaltungskosten für die Erstellung der Abrechnung durch die ausführende Firma die Kosten für Wartung, Unterhalt und Service der Erfassungsgeräte sowie allfällige Batteriekosten (Art. 5 Abs. 2 lit. f VMWG).

Rechnungsbeispiel für die Überwälzung einer VHKA-Installation
(Annahmen: 10 3-Zimmer-Wohnungen mit je 4 Heizkörpern; Zinssatz für
1. Hypotheken 6%).

Mietzinsaufschlag für alle Wohnungen pro Jahr

Honorar Grobanalyse (Fr. 1800)	1800.− × 11,3%	Fr. 203.40
Lieferung und Installation der thermostatischen Heizkörperventile (Fr. 4000)	4000.− × 11,3%	Fr. 452.—
Lieferung und Installation der Heizkostenverteiler (Fr. 4000)	4000.− × 13,9%	Fr. 556.—
Jährlicher Mietzinsaufschlag total		Fr. 1211.40

Dies entspricht einer jährlichen Mietzinserhöhung pro Wohnung von Fr. 121.15. Der monatliche Mietzinsaufschlag pro Wohnung beträgt somit Fr. 10.10.

16.4.3 Notwendigkeit einer Grobanalyse bei Altbauten

Im Gegensatz zu Neubauten ist bei Altbauten die Durchführung einer Grobanalyse empfehlenswert. Die Grobanalyse dient der Aufdeckung offensichtlicher und sanierungsbedürftiger Mängel an der Gebäudehülle wie an der Heizungsanlage. Die Grobanalyse kann sinnvollerweise nur von einem Fachmann ausgeführt werden. Die Energieberatungsstellen, deren Adressen im Anhang abgedruckt sind, führen produkteneutrale Grobanalysen durch. Die Kosten einer Grobanalyse für ein durchschnittliches Mehrfamilienhaus (10 Wohnungen) betragen zwischen 1500 und 2200 Franken. Wie bereits erwähnt, können auch diese Kosten im Rahmen einer Mietzinserhöhung auf den Mieter überwälzt werden[169].

Für die VHKA-Projektierung grösserer Überbauungen (Einkaufszentren, Dienstleistungsgebäude) empfiehlt sich die Beauftragung eines dafür spezialisierten Ingenieurbüros. Die diesbezüglichen Kosten betragen je nach Grösse und Schwierigkeitsgrad der Überbauung 1800 bis 4000 Franken. Für detaillierte Angaben wird auf die Broschüre des Bundesamtes für

---

169 vgl. vorstehendes Rechnungsbeispiel

Energiewirtschaft «Projektierung und Realisierung der VHKA» und die darin enthaltene Fallstudie verwiesen.

16.4.4 Jahresservice

Je nach Aufgabenteilung zwischen Verwaltung und VHKA-Fachfirma fallen beim jährlichen Service folgende Kosten bzw. Aufwendungen an:
- Bearbeitungs- bzw. Grundgebühr pro Wärmebezüger
- Ablesung und Wartung der Geräte (Wärmezähler, Heizkostenverteiler inkl. Batterien, Warmwasserzähler)
- Heizkostenabrechnung pro Wärmebezüger
- Warmwasserkostenabrechnung (verbrauchsabhängig oder nach Festschlüssel)
- Verrechnung der vom Mieter geleisteten Akontozahlungen
- allfällige Zwischenabrechnung (z.B. bei Mieterwechsel)
- übrige Nebenkostenabrechnung
- Änderung des Datensatzes bei einem Mieterwechsel

Das Bundesamt für Energiewirtschaft empfiehlt aufgrund der Komplexität der Abrechnung ausdrücklich die Beauftragung einer VHKA-Fachfirma für die Erstellung der Abrechnung. Der Vermieter/Verwalter sollte vorgängig der Auftragserteilung Offerten verschiedener Fachfirmen einholen. Es sollten nicht nur die Preise, sondern auch die angebotenen Leistungen miteinander verglichen werden, um die Offerten entsprechend bewerten zu können.

16.4.5 Berücksichtigung von Wohnungslage und Zwangswärmekonsum

Bei der Erstellung der Abrechnung sind die Wohnungslage und der Zwangswärmekonsum zu berücksichtigen. Es genügt also nicht, die verbrauchten Heizkosten allein aufgrund der Ablesedaten zu bestimmen. Trägt der Vermieter den gesetzlich vorgeschriebenen Korrekturfaktoren keine Rechnung, riskiert er die Anrufung der Schlichtungsbehörde durch benachteiligte Mieter.

16.4.5.1 Lageausgleich

Der Wärmebedarf einer Wohnung ist von deren Lage innerhalb eines Gebäudes abhängig. Eine aussen liegende Wohnung braucht eine stärkere Beheizung als eine innen liegende, wenn der gleiche Wärmekomfort vorausgesetzt wird. Würde dieser Tatsache nicht Rechnung getragen, müsste der Mieter (bzw. Stockwerkeigentümer) einer aussen liegenden Wohnung zwangsläufig für mehr Heizkosten aufkommen. Der so genannte Lageausgleich berücksichtigt die wärmetechnischen Unterschiede der Wohnungen und führt zu einer entsprechenden Korrektur der Heizkostenabrechnung.

Wohnungen mit grösserem Wohnkomfort, z.B. extensiv verglaste Attikawohnungen, haben allerdings keinen Anspruch auf einen Lageausgleich. Zur Berechnung des Lageausgleichs stehen die Referenzraum-Methode und die Reduktionsmethode zur Verfügung, welche im Abrechnungsmodell des Bundes ausführlich dargestellt sind. Bei der Referenzraum-Methode sind Referenzräume (gleichartige, ideal gelegene Innenräume) für alle Wohnungen eines Mehrfamilienhauses zu definieren. Aufgrund der Heizkörperabmessungen und der Heizkörperdaten ist die Heizkörperleistung der einzelnen Zimmer zu ermitteln. Die installierte Heizleistung der nicht ideal gelegenen Räume ist anschliessend auf die Heizleistung der Referenzräume zu reduzieren. Die Reduktionsmethode geht von den umfangreich vorhandenen Erfahrungswerten des Wärmemehrverbrauchs nicht ideal gelegener und mithin exponierter Wohnungen aus und ist für den Mieter/Stockwerkeigentümer verständlicher als die Referenzraum-Methode. Der abgelesene Wäremverbrauch der exponierten Räume wird mittels Reduktionsfaktoren entsprechend reduziert und in der Abrechnung verrechnet.

16.4.5.2 Zwangswärmekonsum

Der Heizwärmeverbrauch einer Wohnung beruht nicht allein auf der Wärmeabgabe der Heizkörper, der alleine mittels der Heizkostenverteiler erfassbar ist. Zusätzlich spielt der Zwangswärmekonsum eine nicht zu unterschätzende Rolle (beispielsweise von Verteilleitungen oder alten Kaminen abgegebene Wärme). Der Zwangswärmekonsum entzieht sich der Beeinflussung durch den Wohnungsbesitzer. Um dem Mieter/Eigentümer die tatsächlichen Kosten belasten zu können, ist der Zwangswärmekonsum in der Heizkostenabrechnung zu berücksichtigen. Dieser kann nach Angaben des Bundesamtes für Energiewirtschaft in extremen Fällen mehr als 50% des Wärmeverbrauchs einer Wohnung betragen. Besonders in innen liegenden Räumen wie Korridoren, Badezimmern und Toiletten stammt ein erheblicher Teil der benötigten Raumwärme von Wärmeverteilanlagen. Für die Ermittlung des jährlichen Zwangswärmekonsums einer Wohnung ist auf die Länge und den Durchmesser der Verteilleitungen sowie auf andere Faktoren wie Vorlauf- und Rücklauftemperatur sowie die Dauer der Beheizung abzustellen. Bei Kaminen ist die Wärmeabgabe gut wärmegedämmter Kaminanlagen nicht zu berücksichtigen.

16.4.5.3 Wärmediebstahl

Nicht berücksichtigt wird im VHKA-Abrechnungsmodell des Bundes der so genannte Wärmediebstahl. Das Bundesamt für Energiewirtschaft stützt sich auf die Praxis und durchgeführte Vergleichsrechnungen, wonach die unterschiedlichen Raumlufttemperaturen in Nachbarwohnungen einen bloss vernachlässigbaren Einfluss auf den Wärmebedarf haben.

16.4.6 Die zur Verbrauchserfassung notwendigen Geräte

Der Wärmeverbrauch kann einerseits mittels Wärmezählern, andererseits mit Heizkostenverteilern ermittelt werden. Diese Geräte werden durch das Eidgenössische Amt für Messwesen und das Zentralschweizerische Technikum Luzern einer Prüfung unterzogen. Die Besondere Bauverordnung I des Kantons Zürich, die vorliegend als Beispiel dient, schreibt vor, dass sowohl Heizkostenverteiler als auch Wärmezähler eines Gütezeichens einer vom Bund ermächtigten Prüfstelle bedürfen. Das Bundesamt für Energiewirtschaft geht davon aus, dass die geprüften Geräte manipulationssicher sind und unerlaubte Manipulationen, wenn schon, zu höheren Verbrauchsanzeigen führen. Die Kosten für die Geräteanschaffung und deren Installation können auf den Mietzins überwälzt werden[170].

16.4.6.1 Wärmezähler

Mit Wärmezählern kann die in einer Wohnung abgegebene Wärme ermittelt werden. Sie werden in erster Linie in Neubauten installiert. Ein Wärmezähler je einzelne Wohnung ist ausreichend. Ein Wärmezähler besteht aus folgenden Hauptteilen:

- Wasserzähler, der die in der Wohnung zirkulierende Heizwassermenge misst;
- zwei Temperaturfühlern, die der Messung der Abkühlung des Heizwassers in der Wohnung dienen;
- Rechenwerk, welches aus den Messwerten die abgegebene Wärme in Kilowattstunden berechnet.

Zum Einbau von Wärmezählern existieren technische Richtlinien, die vom Schweizerischen Verband für Wärmeverbrauchsmessung (SVW) in Zürich herausgegeben werden. Der Verband erteilt zudem Auskünfte zur VHKA und verfügt über eine Liste ausführender Fachfirmen (SVW, Postfach 421, 8034 Zürich, Tel. 01/984 18 84).

170 vgl. 16.4.1

16.4.6.2 Heizkostenverteiler

Die Heizkostenverteiler sind Geräte, die an die einzelnen Heizkörper montiert werden und der Messung der vom Heizkörper abgegebenen Wärme dienen. Die Heizkostenverteiler finden in erster Linie in Altbauten Verwendung. Es bedarf je eines Heizkostenverteilers pro Heizkörper. Es wird zwischen zwei Typen von Heizkostenverteilern unterschieden:

- Verdunstergeräten
- elektronischen Geräten

Heute werden vorwiegend elektronische Geräte verwendet, denen eine grössere Zuverlässigkeit als den Verdunstergeräten nachgesagt wird.

16.4.6.3 Warmwasserzähler

Auch bei zentraler Warmwassererzeugung kann der individuelle Verbrauch mittels Warmwasserzählern ermittelt werden. Aus baulichen Gründen eignen sich Altbauten zumeist nicht für eine nachträgliche Ausrüstung mit Warmwasserzählern.

16.4.7 Ablesung und Wartung der Geräte

Die Ablesung der Messdaten und die Gerätewartung ist von einer Fachfirma auszuführen. Je nach System müssen die entsprechenden Messdaten in den einzelnen Wohnungen abgelesen werden. Dies erfordert den Zutritt in die Mietwohnungen. Der Mieter ist verpflichtet, der beauftragten Firma für die Ablesung der Daten den Zutritt zu seiner Wohnung zu gestatten (Art. 257h Abs. 2 OR). Die Verwaltung hat den Mieter allerdings rechtzeitig über den gewünschten Zutritt zu orientieren, und sie ist zudem von Gesetzes wegen verpflichtet, bei der Festlegung der Zutrittstermine auf die Interessen des Mieters Rücksicht zu nehmen (Art. 257h Abs. 3 OR).

16.4.8 Verteilung der Kosten

Die Vorschriften über die VHKA tragen der Tatsache Rechnung, dass nicht alle anfallenden Heizkosten verbrauchsabhängig anfallen. Mindestens 50% der anfallenden Kosten des Wärmeverbrauchs sind nach dem tatsächlichen Verbrauch abzurechnen. Die individuell ermittelten Heizkosten und die «fixen» Kosten, die unabhängig vom Verbrauch des Einzelnen anfallen (z.B. Kosten für Tank- und Brennerrevisionen, für den Kaminfeger, für den Betriebsstrom der Heiz- und Warmwasseranlage etc.), werden zusammengerechnet. Ein Teil wird dann nach dem individuellen Verbrauch (mindestens 50%), der andere Teil gemäss Wohnfläche oder Rauminhalt (höchstens 50%) abgerechnet. Zu beachten ist, dass der individuelle Warmwasserverbrauch in Altbauten aus baulichen Gründen zumeist nicht messbar ist. In Neubauten ist die Verteilung des Warmwasserverbrauchs gemäss tatsächlichem Verbrauch vorgeschrieben. Auch bei den Warmwasserkosten gibt es fixe, vom Verbrauch des Einzelnen unabhängige Kosten, die auch in Zukunft unter Anwendung der Verteilschlüssel Rauminhalt oder Wohnfläche auf die Mieter/Eigentümer aufzuteilen sind. Ein Beispiel einer VHKA-Heiz- und Warmwasserkostenabrechnung aus der Praxis findet sich im Anhang.

16.5 Ziele der verbrauchsabhängigen Heizkostenabrechnung

Die Befürworter der verbrauchsabhängigen Heizkostenabrechnung sehen in der VHKA hauptsächlich eine griffige Energiesparmassnahme. Dabei wird von Energieeinsparungen bis zu 15% ausgegangen. Als Hauptziele nebst dem Energiesparen werden eine gerechtere Abrechnung für den Mieter (nach dem Verursacherprinzip) und zufriedenere Mieter infolge dieser Abrechnung genannt. So hat die VHKA bezüglich der Heizkostenverteilung zum Ziel, dass pro Quadratmeter beheizter Fläche bei gleichem energetischen Verhalten gleiche Kosten anfallen. Um dieses Ziel zu realisieren, verlangt der Bund zwingend die Berücksichtigung der Wohnungslage und des Zwangswärmekonsums[171].

Damit die VHKA allerdings ihr wichtigstes Ziel – die Einsparung von Energie – erreichen kann, muss sich der Mieter/Stockwerkeigentümer bei der Beheizung seiner Wohnräumlichkeiten an folgende vom Bundesamt für Energiewirtschaft postulierten Grundregeln des Heizenergiesparens halten[172]:

- Raumgerecht heizen: Lufttemperatur jeden Raumes seiner Nutzung entsprechend einstellen.
- Kurze, aber intensive Durchlüftung (nicht länger als fünf Minuten)
- Absenkung der Raumlufttemperatur während der Nachtstunden
- Roll- und Fensterläden während der Nacht schliessen, um den Wärmeverlust zu vermindern.
- Heizkörper von Vorhängen und Möbeln freihalten, um die Wärmeabgabe nicht zu behindern.

171 vgl. Bundesamt für Energiewirtschaft, Projektierung und Realisierung der VHKA, 3. Auflage, Bern 1992, S. 8
172 vgl. Projektierung und Realisierung der VHKA, a.a.O., S. 11

16.6 Kritische Anmerkungen zur VHKA

Eine Gegenüberstellung von Kosten und Nutzen verbietet ein Festhalten an der für Vermieter und Mieter kostspieligen, aber ineffizienten VHKA. Gegen ein Obligatorium sprechen sowohl technische Gesichtspunkte als auch auf das Konsumverhalten der Heizverbraucher zurückzuführende Probleme. Die Isolation von Fenstern, Dach und Mauerwerk sowie die Sanierung der Heizungsanlage führen durchwegs zu grösseren Energieeinsparungen als die VHKA. Die Kantone sollten derartige Massnahmen im Rahmen der Liegenschaftsbesteuerung durch die Gewährung grosszügiger Unterhaltsabzüge fördern.

Bei der Beurteilung der Wirksamkeit des Obligatoriums der VHKA sind die bisherigen Erfahrungen im Ausland und in der Schweiz zu berücksichtigen. Umfragen in der Bundesrepublik Deutschland, wo die VHKA gesetzlich verankert ist, haben ergeben, dass korrekte Abrechnungen offenbar ausgesprochenen Seltenheitswert haben. Dies hat dazu geführt, dass sich die deutschen Vermieter- und Mieterorganisationen in der Ablehnung des Obligatoriums einig sind. Untersuchungen des Energieamtes des Kantons Genf haben aufgezeigt, dass der Minderverbrauch an Energie, welcher nötig wäre, um die doch recht hohen Investitionskosten der VHKA zu rechtfertigen, in der Praxis gar nicht erreicht werden kann. Eine Studie der Baarer Generalunternehmung Alfred Müller AG hat das krasse Missverhältnis zwischen Aufwand und Ertrag der VHKA bestätigt[173]. Die VHKA führt demnach zu einem Energieminderverbrauch von bestenfalls 4 %. Derartig marginale Einsparungen lassen den vergleichsweise enormen Aufwand für die baulichen Mehrkosten der VHKA als unverhältnismässig erscheinen. Demgegenüber zeigt ein Beispiel aus dem Kanton Waadt, dass die Sanierung alter Heizanlagen zu jährlichen Einsparungen von 8,9 bis 11,7 % führte.

Es ist nicht voraussehbar, wie ein Gebäude auf einen reduzierten Wärmeverbrauch seiner Bewohner reagiert. Dass voreilige Sparübungen zu erheblichen Gebäudeschäden führen können, ist augenfällig. Der veränderte Wärmehaushalt kann Feuchtigkeitsschäden im Gebäudeinnern oder am Mauerwerk verursachen. Energietechnische Massnahmen setzen somit vernünftigerweise umfassende Abklärungen verschiedener Gesichtspunkte voraus, wobei den Besonderheiten der betreffenden Liegenschaften Rechnung zu tragen ist.

---

173 vgl. «forum», Hauszeitschrift der Firma Alfred Müller AG, 30. Ausgabe, Mai 1993, S. 10 ff.

Das Ablesen der der VHKA zugrunde liegenden Werte ist derart komplex, dass dies im Regelfall nur von einem spezialisierten Unternehmen durchgeführt werden kann. Da die Heizkostenverteiler mit abstrakten Messeinheiten arbeiten, kann der Mieter seinen Wärmeverbrauch im Laufe der Heizperiode nicht verfolgen. Der Hausbewohner wird aber nur dann motiviert sein, Wärme zu sparen, wenn er die Einsparungen laufend verfolgen kann und auch die Möglichkeit hat, die Vergleichszahlen des Vorjahres heranzuziehen. Dies sieht nun aber die VHKA nicht vor; die VHKA bietet vielmehr nur eine individuelle Heiz- und Warmwasserkostenabrechnung, die erst einige Zeit nach Ablauf der Heizperiode vorliegt. Die VHKA kann wohl kaum ernsthaft als für den Mieter transparent und verständlich bezeichnet werden, wenn grundsätzlich nur der Fachmann in der Lage ist, die entsprechenden Abrechnungen vorzunehmemn. Auch wenn die Anfangseinsparungen in den meisten Fällen zufolge deren Neuartigkeit generell etwas höher liegen dürften, ist mit der Zeit von einem rückläufigen Anteil der eingesparten Energie auszugehen, weil die Hausbewohner dem Energiesparen mit der Zeit nicht mehr die gleiche Beachtung schenken. Zu beachten gilt in diesem Zusammenhang, dass die VHKA als solche zu keinerlei Energieeinsparungen führt, weil Einsparungen allein vom Willen des Verbrauchers abhängen, weniger zu heizen.

Gemäss einer Untersuchung aus dem Kanton Genf dürften bei einem älteren noch nicht mit thermostatischen Ventilen ausgerüsteten Gebäude Gesamtkosten von Fr. 1.80 pro Quadratmeter anfallen. Selbsttragend wäre diese Investition nur dann, wenn mindestens eine Einsparung von sechs Litern Heizöl pro Quadratmeter erzielt werden könnte, was einem Drittel des durchschnittlichen Energiekonsums eines Gebäudes entsprechen würde. Die VHKA kann bei dieser Sachlage nicht als billiges Energiesparmittel bezeichnet werden.

Äusserst stossend wirkt sich die VHKA bei Altbauten aus. Die Wärmezählermethode lässt sich nämlich nur bei Neubauten sinnvoll realisieren, weil es an der für die Installierung eines Wärmezählers pro Wohnung erforderlichen horizontalen Verrohrung der einzelnen Heizkörper in Altbauten zumeist fehlt. Gerade im Bereich der Altbauten wird der im Energieartikel der Bundesverfassung zitierte Grundsatz, dass der Aufwand für energiepolitische Massnahmen wirtschaftlich tragbar zu sein hat und in einem angemessenen Verhältnis zu den angestrebten Zielen stehen soll, missachtet. Bei Altbauten lassen sich Energieeinsparungen sinnvollerweise in erster Linie durch Gebäude- und Heizsanierungen erzielen.

17 Neue Heizungsanlage bzw. Heizungsmodernisierung

17.1 Blosse Ersatzinvestition oder wertvermehrende Investition?

Der Hauseigentümer ist entweder aufgrund des Alters seiner bisherigen Heizungsanlage oder aufgrund gesetzlicher Vorschriften bezüglich der Luftreinhaltung vor die Aufgabe gestellt, eine neue Heizungsanlage installieren zu lassen. Ist der Hauseigentümer zugleich Vermieter, wird er sich die Frage stellen, ob und, wenn ja, in welchem Ausmass er die Investitionskosten auf den Mietzins überwälzen kann. Bei den Kosten für die Heizungssanierung handelt es sich entweder um eine Ersatzinvestition oder um eine so genannte wertvermehrende Investition. Nur die Letztere berechtigt zu einem Mietzinsaufschlag. Der blosse Unterhalt der Heizungsanlage (wie auch Reparaturen einzelner Teile) ist auch nicht nebenkostenfähig und hat somit in der Heiz- und Warmwasserkostenabrechnung nichts zu suchen (Art. 6 VMWG).

Die Luftreinhalte-Verordnung des Bundes vom 1. Februar 1992 (LRV 92) schreibt vor, dass bestehende Heizungsanlagen, die übermässige Immissionen im Sinne der Verordnung verursachen, innerhalb der in Art. 10 der Verordnung statuierten Fristen zu sanieren sind. Damit kann sich eine Sanierung der Heizungsanlage aufdrängen, ohne dass deren Lebensdauer abgelaufen wäre[174].

Beim Ersatz einer Heizung handelt es sich im Grunde genommen um eine reine Ersatzinvestition, für deren Kosten eigentlich der Hauseigentümer aufzukommen hätte. Zwei Gründe rechtfertigen allerdings die Annahme einer wertvermehrenden Investition, die teilweise auf den Mietzins überwälzt werden kann. Beim Ersatz einer beispielsweise 20 bis 30 Jahre alten Heizungsanlage durch eine dem heutigen Stand der Technik angepasste moderne Heizungsanlage lässt sich zum einen der Brennstoffverbrauch massiv reduzieren. Dies ist für den Mieter eine objektive Komfortsteigerung, weil sich die Einsparung von Heizöl in einer tieferen Heiz- und Warmwasserkostenabrechnung niederschlägt. Zum anderen liegt die Reduktion von Schadstoffemissionen – und die damit verbundene bessere Luftqualität – nicht nur im Interesse des Vermieters, sondern auch im Interesse des Mieters. Staatlich angeordnete Massnahmen im Bereiche des Umweltschutzes, die den Vermieter zu Investitionen zwingen, stellen für den Mieter mithin eine ideelle Komfortsteigerung dar. Sowohl Vermieter als auch Mieter müssen an die Kosten des Umweltschutzes beitragen. Die bei-

---

174 vgl. 17.2

den Faktoren Brennstoffeinsparung und Reduktion der Schadstoffemissionen berechtigen den Vermieter zu einem Mietzinsaufschlag. Die Zulässigkeit von Mietzinserhöhungen zufolge einer Heizungsmodernisierung werden weder von der Mieterseite noch von den Schlichtungsbehörden grundsätzlich in Frage gestellt. Gestritten wird, wenn überhaupt, über die Höhe des Mehrwertanteils.

Ein blosser Ersatz eines nicht mehr funktionstüchtigen Teils einer Heizungsanlage liegt vor, wenn damit weder Brennstoffverbrauch noch der Schadstoffausstoss reduziert werden. Eine derartige Ersatzinvestition berechtigt den Vermieter selbstverständlich nicht zu einem Mietzinsaufschlag, weil die Begleichung des laufenden Unterhaltes im Mietzins inbegriffen ist. Der Vermieter ist zur Instandhaltung des Mietobjektes in einem gebrauchstauglichen Zustand verpflichtet (Art. 256 Abs. 1 OR). Der Vermieter hat dieser Sachlage bei der Festsetzung des Mietzinses entsprechend Rechnung zu tragen.

17.2 Luftreinhalteverordnung des Bundes (LRV 92)

Art. 20 LRV hält bezüglich der Inverkehrbringung von Feuerungsanlagen Folgendes fest:

[1] Folgende Feuerungsanlagen dürfen nur in Verkehr gebracht werden, wenn sie die Typenprüfung bestanden haben:
  a) Gebläsebrenner für Heizöl Extra-Leicht oder Gas mit einer Feuerungswärmeleistung bis 350 kW.
  b) Heizkessel für Gebläsebrenner nach Buchstabe a, sofern als Wärmeträger Wasser verwendet wird und die Absicherungstemperatur wasserseitig höchstens 110 Grad Celsius beträgt.
  c) Heizkessel nach Buchstabe b mit fest zugeordnetem Gebläsebrenner (Unit).
  d) Heizkessel und Umlaufwärmeerzeuger mit atmosphärischen Gasbrennern mit einer Feuerungswärmeleistung bis 350 kW, sofern als Wärmeträger Wasser verwendet wird und die Absicherungstemperatur wasserseitig höchstens 110 Grad Celsius beträgt.
  e) Heizkessel und Umlaufwärmeerzeuger nach Buchstabe d mit Ölverdampfungsbrennern für Heizöl Extra-Leicht.
  f) Direkt befeuerte Gas-Speicherwassererwärmer (Boiler) mit einem Wasserinhalt von mehr als 30 Litern und einer Feuerungswärmeleistung bis 350 kW.
  g) Gas-Durchflusswassererwärmer mit einer Feuerungswärmeleistung von 35 kW bis 350 kW.

[2] .....

[3] .....

[4] Abweichend von Absatz 1 können die Kantone die praktische Erprobung von noch nicht typengeprüften Anlagen während einer Dauer von höchstens zwei Jahren zulassen. Anlagen, welche nach Ablauf dieser Frist in der vorliegenden Form

noch keine Typenprüfung bestanden haben, müssen wieder ausser Betrieb genommen werden.
5 Die Hersteller oder Importeure von Brennern nach Absatz 1 Buchstabe a und von Heizkesseln nach Absatz 1 Buchstabe b geben Empfehlungen heraus, aus denen hervorgeht, welche Brenner/Kessel-Kombinationen die Anforderungen nach Anhang 3 erfüllen.

Gemäss LRV 92 müssen somit Gebläsebrenner, Heizkessel und atmosphärische Gasheizgeräte bis 350 kW Feuerungswärmeleistung neu typengeprüft werden. Solche Anlagen dürfen seit dem 1. Januar 1993 nur noch in Verkehr gebracht werden, wenn sie die neue Typenprüfung bestanden haben.

Bereits in Betrieb stehende Anlagen dürfen weiter betrieben werden, sofern sie folgende Voraussetzungen erfüllen:
– die Russzahl 1 einhalten (Ölfeuerungen);
– den neuen Kohlenmonoxidgrenzwert (für Ölgebläsebrenner: 80 mg/m^3; für alle Gasbrenner: 100 mg/m^3) nicht überschreiten;
– die neuen Abgasvorschriften für bestehende Anlagen (bis 70 kW: max. 10% Abgasverlust; über 70 kW max. 9%) einhalten.

Die neuen Stickoxidgrenzwerte haben für bestehende Anlagen keine Geltung. Deren Nichteinhaltung löst somit keine Sanierungspflicht aus. Wird an einen alten Heizkessel ein neuer Brenner installiert, gilt die gesamte Heizanlage nach wie vor als bestehende Anlage, wobei der neue Brenner seit Januar 1993 nach den Vorschriften über die LRV 92 zugelassen sein muss.

Ist der alte Heizkessel zu ersetzen, weil die neu festgesetzten Grenzwerte für den Abgasverlust nicht eingehalten werden können, steht dem Hauseigentümer eine Sanierungsfrist von über fünf Jahren zur Verfügung (Art. 10 LRV). Die Kantone haben teilweise strengere Sanierungsvorschriften erlassen. Gewisse Kantone verlangen denn auch eine Sanierung von Altanlagen, wenn die Stickoxidgrenzwerte nach LRV 92 überschritten werden.

17.3 Heizungssanierung als Erneuerung bzw. Änderung am Mietobjekt

Die Erneuerung bzw. Modernisierung einer Heizungsanlage ist eine Erneuerung bzw. Änderung am Mietobjekt im Sinne von Art. 260 Abs. 1 OR. Der Vermieter kann entsprechende Arbeiten im Prinzip nur in einem ungekündigten Mietverhältnis vornehmen lassen. Die Arbeiten müssen zudem für den Mieter zumutbar sein. Die Zumutbarkeit für den Mieter ist im Falle einer Heizungssanierung zu bejahen. Die Sanierung der Heizungsanlage liegt infolge des verminderten Brennstoffverbrauchs im Interesse des Mieters. Ist der Vermieter aufgrund gesetzlicher Vorschriften zu einer Heizungssanierung verpflichtet, ist von deren Zumutbarkeit für den Mieter schon alleine aufgrund der Existenz dieser Vorschriften auszugehen. Das Gesetz verpflichtet den Vermieter allerdings, bei der Ausführung der Arbeiten auf die Interessen des Mieters Rücksicht zu nehmen (Art. 260 Abs. 2 OR). Der Mieter kann unter Umständen sogar eine Mietzinsreduktion verlangen, wenn die Arbeiten die Tauglichkeit des Mietobjektes zum vorausgesetzten Gebrauch beeinträchtigen oder mindern (Art. 259d OR). Da der Vermieter zur Lieferung von angemessener Wärme verpflichtet ist[175], wird er entsprechende Arbeiten sinnvollerweise ausserhalb der Heizperiode durchführen lassen (mit Vorteil in den Sommermonaten Juni, Juli und August). Eine Mietzinsreduktion kann sich allenfalls aufgrund von Lärm- und Staubimmissionen aufdrängen, was jedoch nur aufgrund des konkreten Einzelfalles beurteilt werden kann. Können Vermieter und Mieter sich nicht über den Grund für eine Mietzinsreduktion beziehungsweise deren frankenmässigen Betrag einigen, so ist es Sache des Mieters, die Schlichtungsbehörde einzuschalten.

17.4 Information der Mieter

Wie bei jedem Bauvorhaben wird der Vermieter die Mieter im Voraus über die geplanten Sanierungsarbeiten informieren. Handelt es sich dabei allerdings um den blossen Ersatz einzelner Teile wie Heizkessel, Brenner, Umwälzpumpe etc. oder um blosse Reparaturarbeiten, erübrigt sich dieses Vorgehen. Der Vermieter ist diesfalls ja auch nicht berechtigt, die anfallenden Kosten auf den Mietzins zu überwälzen.

Die Orientierung der Mieter hat frühzeitig zu erfolgen. Dies liegt im Interesse des Vermieters, weil der Mieter bei einem nicht genehmen Sanierungsvorhaben die Wohnung bzw. den Geschäftsraum kündigen kann. Im gekündigten Mietverhältnis sind Erneuerungen und Änderungen am Mietobjekt grundsätzlich unzulässig (Art. 260 OR), und zwar auch dann, wenn der Mieter das Mietverhältnis nach der Orientierung über das Sanierungsvorhaben gekündigt hat[176]. Bei dringenden Sanierungen greift Art. 260 OR allerdings nicht[177]. Ist eine Heizungssanierung aufgrund gesetzlicher Bestimmungen angezeigt oder erweist sich eine solche aus anderen Gründen als dringend, darf der Vermieter diese Arbeiten auch während eines gekündigten Mietverhältnisses in Angriff nehmen, was in einer Liegenschaft mit einem häufigen Mieterwechsel unumgänglich sein kann. Stellt der Mieter bei einer Kündigung durch den Vermieter ein Erstreckungsbegehren, so ist im entsprechenden Verfahren zu beantragen, der Mieter sei zur Duldung

---

175 vgl. 2
176 vgl. SVIT-Kommentar, N 33 zu Art. 260–260a
177 vgl. SVIT-Kommentar, N 30 zu Art. 260–260a

des Sanierungsvorhabens im Laufe des erstreckten Mietverhältnisses zu verpflichten. Ist die geplante Sanierung nicht schikanöser Natur, darf dem Mieter in einem erstreckten Mietverhältnis ohne weiteres ein gewisses Ausmass an Störungen zugemutet werden[178].

Die Orientierung der Mieter, die in einem oder mehreren Schritten erfolgen kann, sollte folgende Punkte beinhalten:

– Art und Zweck der geplanten Sanierung (z.B.: Einbau einer neuen Heizungsanlage aufgrund der Bestimmungen der LRV 92 zwecks Einsparung von Heizöl und Reduktion der Schadstoffimmissionen);
– Ausmass der Mehrleistung des Vermieters;
– Höhe der zu erwartenden Mietzinserhöhung und deren geplante Inkraftsetzung;
– Angaben betreffend Beginn der Sanierungsarbeiten und deren Dauer (z.B.: Die Arbeiten werden voraussichtlich in der ersten Junihälfte in Angriff genommen und dauern bis ca. Ende Juli).

17.5 Beispiel des Mietzinsaufschlages bei einer Heizungsmodernisierung

Heizungsmodernisierung einer Liegenschaft in Winterthur, Hypothekarzins 4%, Mehrwertanteil 60%, Gesamtkosten Fr. 24'450.–

	Kosten in Fr.	Annahme Mehrwert 60% in Fr.	Total Mietzinserhöhung in % des Mehrwertes	Gesamtmietzinserhöhung pro Liegenschaft/Jahr
Neue Anlage				
Brenner	3'700	2'220	11,0%	Fr. 244.20
komb. Heizkessel	11'850	7'110	10,5%	Fr. 746.55
Steuerung	1'700	1'020	10,5%	Fr. 107.10
Umwälzpumpe	1'500	900	11,0%	Fr. 99.—
Thermostat-Radiatorventile anstelle einfacher Ventile	3'700	3'700*	10,0%	Fr. 370.—
Heizkostenverteiler	2'000	2'000*	12,6%	Fr. 252.—
Total	24'450	16'950		Fr. 1818.85

* Installation thermostatische Radiatorventile und Heizkörperventile gemäss Vorschriften über die VHKA (Mehrwert = 100%)

Wird von der Annahme ausgegangen, dass es sich bei der vorgenannten Liegenschaft um ein Haus mit vier gleich grossen Wohnungen handelt, er-

---

178 vgl. SVIT-Kommentar, N 37 zu Art. 260–260a

höht sich der monatliche Mietzins jeder Wohnung aufgrund der Heizungsmodernisierung um Fr. 37.90. Sind die Wohnungen unterschiedlicher Grösse müsste die Mietzinserhöhung gemäss dem für die Heizkostenabrechnung gewählten Verteilschlüssel (Rauminhalt, Wohnfläche) auf die einzelnen Wohnungen umgelegt werden.

17.6 Überwälzungssätze bei Einzelinvestitionen bei Heizung, Wärmemessung und -verteilung

Der Mehrwertanteil der Ersatzinvestitionen schwankt zwischen 40 und 80%. Dieser ist davon abhängig, ob durch den Einbau der neuen Geräte dem Mieter eine tatsächliche Komfortsteigerung erwächst. Handelt es sich um eine reine Ersatzinvestition eines Gerätes, bei welcher kein Mehrwert realisiert wird, so ist keine Überwälzung auf den Mietzins möglich. Reiner Unterhalt der Mietsache obliegt dem Vermieter (Art. 256 OR). Bei Unsicherheiten bezüglich Existenz und Höhe eines Mehrwerts sollte der Gerätehersteller konsultiert werden.

	Lebenserwartung in Jahren	Pauschale Unterhalt/ Verwaltung/ Risiko*	Total Mietzinserhöhung in % des Mehrwertanteils bei einem Hypothekarzins von				
			4%	5%	6%	7%	8%
Heizkessel/Steuerung	15	1,5%	10,5	11,1	11,8	12,5	13,2
Brenner	15	2,0%	11,0	11,6	12,3	13,0	13,7
Chromnickelstahlkamin	15	1,5%	10,5	11,1	11,8	12,5	13,2
Glaskeramikkamin	15	1,5%	10,5	11,1	11,8	12,5	13,2
Umwälzpumpe	15	2,0%	11,0	11,6	12,3	13,0	13,7
Umformer bei Fernwärme inkl. Anschlussgebühren	25	1,0%	7,4	8,1	8,8	9,6	10,4
Radiatoren/Leitungen	40	1,0%	6,0	6,8	7,6	8,5	9,4
Maurerarbeiten	40	1,0%	6,0	6,8	7,6	8,5	9,4
Elektroinstallationen	15	1,5%	10,5	11,1	11,8	12,5	13,2
Öltank/Leckschutzanlagen	20	1,0%	8,4	9,0	9,7	10,4	11,2
elektronische Wärme-Mengen- und Durchflusszähler	12	1,5%	12,1	12,8	13,4	14,1	14,8
elektronische Heizkostenverteiler	12	2,0%	12,6	13,3	13,9	14,6	15,3
Thermostat-Radiator-Ventile	15	1,0%	10,0	10,6	11,3	12,0	12,7

* Die Pauschale für Unterhalt/Verwaltung/Risiko ist in den entsprechenden Prozentsätzen für die Mietzinserhöhung bereits eingerechnet.

17.7 Mietzinserhöhungsverfahren gemäss Art. 269d OR

Eine Mietzinserhöhung aufgrund wertvermehrender Investitionen setzt voraus, dass der Mieter im Zeitpunkt des Inkrafttretens der Mietzinserhöhung bereits von der Mehrleistung profitieren kann und dem Vermieter die notwendigen Kosten der Mehrleistung bekannt sind. Unter Umständen kann dies erst nach Abschluss der Sanierungsarbeiten der Fall sein. Kann der Vermieter in einem die Mietzinserhöhung betreffenden Anfechtungsverfahren keine die Erhöhung rechtfertigenden konkreten Zahlen vorlegen (Vorliegen der Bauabrechnungen!), wird er damit kaum durchdringen. Blosse Kostenvoranschläge werden von den Gerichten zumeist nicht als Grundlagen einer Mietzinserhöhung akzeptiert. Auch für eine Mietzinserhöhung aufgrund wertvermehrender Investitionen hat sich der Vermieter an das in Art. 269d OR umschriebene formelle Verfahren zu halten. Die folgenden fünf Voraussetzungen müssen kumulativ erfüllt sein:

- Verwendung des amtlich genehmigten kantonalen Formulars;
- Begründung der Erhöhung;
- Beachtung der vertraglichen oder gesetzlichen Kündigungsfristen und Kündigungstermine;
- Beachtung der zehntägigen Mitteilungsfrist;
- Die Mitteilung der Mietzinserhöhung darf nicht mit einer Kündigung oder Kündigungsandrohung verknüpft sein.

Wird kein amtliches Formular verwendet, fehlt eine klare Begründung auf dem Formular bzw. im Begleitschreiben oder wird mit der Mitteilung die Kündigung bzw. deren Androhung verknüpft, so ist die Mietzinserhöhung nichtig. Ist die Begründung im Begleitschreiben enthalten, muss auf dem amtlichen Formular darauf hingewiesen werden (Art. 19 Abs. 1bis VMWG). Die Begründung muss für den Mieter klar und verständlich sein, damit dieser entscheiden kann, ob er die Erhöhung anfechten will oder nicht[179]. Die bundesgerichtliche Rechtsprechung, wonach nicht nur eine fehlende, sondern auch eine unklare oder widersprüchliche Begründung zur Nichtigkeit der Mietzinserhöhung führt, widerspricht dem Gesetzeswortlaut, der die Folge der Nichtigkeit nur an das Fehlen einer Begründung knüpft. In einem befristeten Mietverhältnis sind Mietzinserhöhungen aufgrund wertvermehrender Investitionen nur möglich, wenn der Vermieter sich dies im Mietvertrag ausdrücklich vorbehalten hat. Beabsichtigt der Vermieter eine von ihm erbrachte Mehrleistung nicht sofort oder nur teil-

---

179 vgl. BGE 121 III 8; Lachat/Stoll/Brunner, a.a.O., S. 263

weise auf den Mietzins zu überwälzen, so muss er diesbezüglich anlässlich der nächsten Mietzinserhöhung einen klaren Vorbehalt in Franken oder Prozenten des Mietzinses anbringen (Art. 18 VMWG). Fehlt ein solcher Vorbehalt, ist eine spätere Erhöhung aufgrund der fraglichen Mehrleistung aufgrund des geltenden Rechts (und der Rechtsprechung) nicht mehr möglich (Art. 18 VMWG)[180].

Beispiel: Der Vermieter einer Liegenschaft in Winterthur kündigt den Mietern im Frühjahr 2000 auf Frühjahr 2001 eine Heizungsmodernisierung an. Er teilt ihnen gleichzeitig mit, dass sie nach Abschluss der Arbeiten mit einer Mietzinserhöhung zu rechnen hätten, weil die Heizungsmodernisierung mit einer Komfortsteigerung für den Mieter (Reduktion von Brennstoffverbrauch und Schadstoffausstoss) verbunden sei. Im Frühjahr 2001 werden die angekündigten Arbeiten plangemäss durchgeführt. Mit amtlichem Formular teilt der Vermieter den Mietern fristgerecht eine Mietzinserhöhung aufgrund gestiegener Hypothekarzinsen per 1. Oktober mit (Versand des Formulars am 10. Juni 2001, 3 Monate und 20 Tage vor dem Kündigungstermin). Der Vermieter unterlässt es aber, einen Vorbehalt im Sinne von Art. 18 VMWG für die durchgeführte Heizungsmodernisierung anzubringen, weil er diese erst in einem späteren Zeitpunkt auf den Mietzins überwälzen will. Damit hat er sich nun aber gerade diese Möglichkeit definitiv verbaut. Ein korrekter Vorbehalt (auch Mietzinsreserve genannt) müsste wie folgt lauten: «Aufgrund der durchgeführten Heizungsmodernisierung ist eine monatliche Mietzinserhöhung in der Höhe von Fr. 37.90 (gemäss vorstehendem Rechnungsbeispiel unter 17.5) gerechtfertigt. Ich verzichte auf eine diesbezügliche Mietzinserhöhung zum jetzigen Zeitpunkt, behalte mir diese Erhöhung im Betrage von Fr. 37.90 aber ausdrücklich auf einen späteren Zeitpunkt vor.»

---

180 vgl. BGE 108 II 138; BGE 111 II 201 E. 1

Literaturverzeichnis

BAUMANN, Max: Kommentar zu Art. 745-778 ZGB, Zürcher Kommentar, Zürich 1999

BLÖCHLIGER, Erich/GRATZ, Elmar/KUMMERER, Christian: Handbuch der Liegenschaftsverwaltung, 3. Auflage, Zürich 1994

BRUNNER, Andreas: Die verbrauchsabhängige Heizkostenabrechnung in Mietrechtspraxis 1988, S. 3 ff.

BRUNNER, Max: Mietrecht, 2. Auflage, Rorschach 1938

BRUNNER, Matthias/NIDERÖST Peter: Das Wichtigste zum Mietrecht, 3. Auflage, Zürich 1996

FRIEDRICH, Hanspeter: Das Stockwerkeigentum, 2. Auflage, Zürich 1972

GATHER/PAUL/GIERTH etc.: Jahrbuch 1988 des Zentralverbandes der Deutschen Haus-, Wohnungs- und Grundeigentümer e.V. [zitiert: Jahrbuch 1988]

GERBER, Max: Rund um das Mietverhältnis, 7. Auflage, Zürich 1987

GUHL, Theo / MERZ, Hans / KOLLER, Alfred: Das Schweizerische Obligationenrecht, 8. Auflage, Zürich 1991

HEINZ, Marx: Das dingliche Wohnrecht, Europäische Hochschulschriften, Band 28, Zürich 1970

HIGI, Peter: Kommentar zu Art. 253–265 OR, Zürcher Kommentar, Zürich 1994

LACHAT, David /STOLL, Daniel/BRUNNER, Andreas: Das neue Mietrecht für die Praxis, 4. Auflage, Zürich 1999

MEIER-HAYOZ, Arthur /REY, Heinz: Kommentar zu Art. 712a–712t ZGB, Berner Kommentar, Bern 1988

MEYER, Beat L.: Mietrecht im Alltag, 3. Auflage, Zürich 1982

MÜLLER, Kurt: Der Verwalter von Liegenschaften mit Stockwerkeigentum, 3. Auflage, Zürich 1975

OSER, Hugo/SCHÖNENBERGER, Wilhelm: Kommentar zu Art. 184–418 OR, Zürcher Kommentar, Zürich 1936

PETERMANN, Albert/FASNACHT, Benny: Heizung – Heizkosten, 4. Auflage, Zürich 1985

PFEIFER, Frank-Georg: Nebenkosten, 4. Auflage, Düsseldorf 1994

PREROST, Ruedi / THANEI, Anita: Das Mieterbuch, 3. Auflage, Zürich 1993

PÜNTENER, Reto: Die Nebenkosten im System des BMM, in Mietrechtspraxis 1989, S. 131 ff.

RONCORONI, Giacomo: Zwingende und dispositive Bestimmungen im revidierten Mietrecht, in Mietrechtspraxis 1990 S. 57 ff.

RAISSIG, Walter/SCHWANDER, Urs: Massnahmen gegen Missbräuche im Mietwesen, 4. Auflage, Zürich 1984

SCHMID, Emil: Kommentar zu Art. 253–260 OR, Zürcher Kommentar, Zürich 1974

Schweizerisches Mietrecht, Kommentar, 2. Auflage, Zürich 1998
[zitiert: SVIT-Kommentar]

TRACHSEL, Arthur: Leitfaden zum Mietrecht, Zürich 1991

TUOR, Peter/SCHNYDER, Bernhard/SCHMID, Jörg: Das Schweizerische Zivilgesetzbuch, 11. Auflage, Zürich 1995

ZIHLMANN, Peter: Das Mietrecht, 2. Auflage, Zürich 1995

ZIHLMANN, Peter/JAKOB, Martin: Mietrecht, Beobachter-Ratgeber, Zürich 1993

ZÜST, Martin: Die Mängelrechte des Mieters von Wohn- und Geschäftsräumen, Bern 1992

Anhang

Energiefachstellen der Kantone

AG	Herrn Dr. Peter HESS Energiefachstelle Laurenzenvorstadt 9 Postfach 5001 Aarau	Tel.: Fax: E-Mail:	062/835 28 81 (Hess) 062/835 28 80 (Sekr.) 062/835 34 19 peter.hess@ag.ch
AI	Herrn Fritz WIEDERKEHR Bau- und Umweltdepartement Fachstelle Lärm, Luft und Energie Gaiserstrasse 8 9050 Appenzell	Tel.: Fax: E-Mail:	071/788 93 41 071/788 93 59 fritz.wiederkehr@bud.ai.ch
AR	Herrn Ralph BOLTSHAUSER Amt für Umweltschutz Abt. Lärmschutz und Energie Kasernenstrasse 17 9102 Herisau	Tel.: Fax: E-Mail: Internet:	071/353 65 34 (Boltshauser) 071/353 65 24 (Spälti) 071/353 65 35 (Sekr.) 071/352 28 10 ralph.boltshauser@afu.ar.ch afu@afu.ar.ch www.appenzellerland.ch/afu
BE	Herrn Ernst JAKOB Wasser- und Energie- wirtschaftsamt Abt. Energiewirtschaft Reiterstrasse 11 3011 Bern	Tel.: Fax: E-Mail:	031/633 38 42 (Jakob) 031/633 38 43 (Bhend) 031/633 38 11 (Sekr.) 031/633 38 50 ernst.jakob@bve.be.ch energie.wea@bve.be.ch
BL	Herrn Peter STUCKI Amt für Umweltschutz und Energie Hauptabt. Energie Rheinstrasse 29 4410 Liestal	Tel.: Fax: E-Mail:	061/925 55 21 (Stucki) 061/925 55 24 (Sekr.) 061/925 55 18 (Jehle) 061/925 69 84 peter.stucki@bud.bl.ch
BS	Herrn Rudolf JEGGE Amt für Umwelt und Energie Energiefachstelle Kohlenberggasse 7 4051 Basel	Tel.: Fax: E-Mail:	061/225 97 30 061/225 97 31 rudolf.jegge@bs.ch

Quelle: Bundesamt für Energiewirtschaft, Bern (Stand: Februar 2001)

FR	Monsieur Serge BOSCHUNG Service cantonal de l'energie Département des transports et de l'énergie Rue Joseph-Piller 13 1700 Fribourg	Tel.: Fax: E-Mail: Internet:	026/305 28 46 (Boschung) 026/305 28 43 (Holzer) 026/305 28 41 (Secr.) 026/305 28 48 DTE@fr.ch www.fr.ch/dte
GE	Monsieur Jean-Pascal GENOUD Délégué à l'énergie Office cantonal de l'énergie Département de l'intérieur, de l'agriculture, de l'environnement et de l'énergie Case postale 3918 1211 Genève 3	Tel.: Fax: E-Mail: Internet:	022/319 23 40 (Genoud) 022/319 23 16 (Spierer) 022/319 23 23 (Centre Info) 022/319 20 94 jean-pascal.genoud@etat.ge.ch www.geneve.ch/ocen
GL	Herrn Jakob KUBLI Energiefachstelle Kantonale Baudirektion Kirchstrasse 2 8750 Glarus	Tel.: Fax: E-Mail:	055/646 64 32 (Kubli) 055/646 64 00 (Baudirektion) 055/646 64 99 jakob.kubli@gl.ch
GR	Herrn Balz LENDI Amt für Energie GR Rohanstrasse 5 7001 Chur	Tel.: Fax: E-Mail: Internet:	081/257 36 22 (Lendi) 081/257 36 24 (Sekr.) 081/257 20 31 energie@afe.gr.ch balz.lendi@afe.gr.ch www.energie.gr.ch
JU	Monsieur Francis JEANNOTTAT Service des transports et de l'énergie 2, rue des Moulins 2800 Delémont	Tel.: Fax: E-Mail:	032/420 53 93 (Jeannottat) 032/420 53 90 (Secr.) 032/420 53 91 francis.jeannottat@jura.ch
LU	Herrn Leonhard BUCHECKER Kantonale Fachstelle für Energiefragen Löwengraben 14 6002 Luzern	Tel.: Fax: E-Mail:	041/228 61 46 (Buchecker) 041/228 61 50 (Brunner) 041/228 51 11 (Verw.) 041/228 66 82 ffe@lu.ch

NE	Monsieur Jean-Luc JUVET Service cantonal de l'énergie Rue de Tivoli 16 2000 Neuchâtel	Tel.: Fax: E-Mail: Internet:	032/889 67 20 (Juvet) 032/889 47 26 (Tillmanns) 032/889 60 60 Service.Energie@ne.ch www.ne.ch/Energie
NW	Herrn Werner STALDER Energiefachstelle Nidwalden Engelbergstrasse 34 Postfach 6371 Stans	Tel.: Fax: E-Mail:	041/618 75 26 041/618 75 28 efs@nw.ch
OW	Herrn Karl FLURY Amt für Umwelt und Energie Dienststelle Energie Dorfplatz 4a Postfach 1661 6061 Sarnen	Tel.: Fax: E-Mail:	041/666 63 63 (Flury) 041/666 62 82 karl.flury@ow.ch
SG	Herrn Marcel GAMWEGER Amt für Umweltschutz Sektion Energieberatung Lämmlisbrunnenstrasse 54 9001 St. Gallen	Tel.: Fax: E-Mail:	071/229 24 04 071/229 42 67 marcel.gamweger@bd-afu.sg.ch
SH	Herrn Roland EMHARDT Hochbauamt Energiefachstelle Beckenstube 11 8200 Schaffhausen	Tel.: Fax: E-Mail:	052/632 73 58 (Emhardt) 052/624 77 24 roland.emhardt@ktsh.ch
SO	Herrn Urs STUBER Energiefachstelle Amt für Wirtschaft und Arbeit Untere Sternengasse 2 Postfach 16 4504 Solothurn	Tel.: Fax: E-Mail:	032/627 95 27 (Stuber) 032/627 95 26 (Meier) 032/627 95 92 urs.stuber@awa.so.ch
SZ	Herrn Beat VOSER Hochbauamt des Kantons Schwyz Energiefachstelle Steistegstrasse 3 Postfach 61 6431 Schwyz	Tel.: Tel.: Fax: E-Mail: Internet:	041/819 25 15 (Sekr.) 041/819 25 24 (Voser) 041/819 25 29 beat.voser@sz.ch www.kantonschwyz.ch/ Regierung_Verwaltung

TG Herrn Andrea PAOLI
    Departement für Inneres
    und Volkswirtschaft
    Abteilung Energie
    Verwaltungsgebäude
    8510 Frauenfeld

Tel.:   052/724 28 57 (Paoli)
          052/724 24 02 (Bartholdi)
          052/724 24 26 (Sekr.)
Fax: 052/724 22 27
E-Mail: andrea.paoli@kttg.ch
Internet: www.tg.ch/energie

TI Sig. Mario BRICCOLA
    Ufficio del risparmio energetico
    Dipartimento del territorio
    Via Carlo Salvioni 2a
    6501 Bellinzona

Tel.:   091/814 37 33
Fax: 091/814 44 33
E-Mail: mario.briccola@ti.ch
Internet: www.ti.ch/DT/DA/SPAA/UffRE

UR Herrn Gerhard DANIOTH
    Amt für Energie
    Professorenhaus
    Klausenstrasse 2
    6460 Altdorf

Tel.:   041/875 26 23 (Danioth)
          041/875 26 24 (Scheiber)
          041/875 26 03 (Sekr.)
Fax: 041/875 26 10
E-Mail: energie.bd@ur.ch
          guido.scheiber@ur.ch
Internet: www.ur.ch

VD SEVEN
    Monsieur Dinh-Lan NGUYEN
    Division Energie
    Rue du Valentin 10
    1014 Lausanne

Tel.:   021/316 70 29 (Nguyen)
          021/316 70 19 (Vuilleumier)
          021/316 70 17 (Secr.)
Fax: 021/316 70 36
E-Mail: prénom.nom@seven.vd.ch

VS Monsieur Moritz STEINER
    Chef du service de l'énergie
    Av. du Midi 7
    Case postale 478
    1951 Sion

Tel.:   027/ 606 31 00 (Steiner)
          027/ 606 31 21 (Fournier)
Fax: 027/ 606 30 04
E-Mail: moritz.steiner@vs.admin.ch

ZG Herrn Dr. Max GISLER
    Kantonale Baudirektion
    Energiefachstelle
    Verwaltungsgebäude 1 an der Aa
    Aabachstrasse 5
    Postfach 857
    6301 Zug

Tel.:   041/728 53 11 (Gisler)
          041/728 53 00 (Sekr.)
Fax: 041/728 53 09
E-Mail: max.gisler@bd.zg.ch

ZH	Herrn Hansruedi KUNZ Amt für Abfall, Wasser, Energie und Luft AWEL Abteilung Energie Stampfenbachstr. 12 8090 Zürich	Tel.: Fax: E-Mail:	01/259 42 72 (Kunz) 01/259 42 70 (Gmür) 01/259 43 52 (Graf) 01/259 42 66 (Sekr.) 01/259 51 59 energie@bd.zh.ch vorname.name@bd.zh.ch
FL	Herrn Edmund Sele Amt für Volkswirtschaft Energiefachstelle Gerberweg 5 9490 Vaduz	Tel.: Fax: E-Mail:	075/236 68 93 075/236 68 89 edmund.sele@avw.llv.li

Beispiel einer verbrauchsabhängigen Heizkostenabrechnung aus der Praxis

①

BAUGENOSSENSCHAFT BÜELRAIN WINTERTHUR

Heizkosten-Abrechnung 1993/94 (Zusammenstellung) Datum: 24.10.94

Liegenschaft: Waldbrunnenstrasse 90, 8500 Frauenfeld

Abrechnungsperiode: 01.07.93 bis 30.06.94

Energieverbrauch		
01.07.93	Vorrat 1.07.93/7500 Liter	Fr. 2'260.50
20.01.94	Aral/8960 Liter à Fr. 29.61	Fr. 2'653.80
30.06.94	Vorrat 1.07.94/3000 Liter	-Fr. 888.30
	Total Brennstoff-Verbrauch	Fr. 4'026.00

Energieverbrauch (Heizöl)	Fr. 4'026.00
Heizbedienung	Fr. 360.00
Pumpen- und Brennerstrom	Fr. 365.00
Kamin- und Kesselreinigung	Fr. 211.50
Revision und Service	Fr. 632.40
Boilerrevision	Fr. 660.00
Verwaltungshonorar HZ (3 Prozent)	Fr. 198.85
Abrechnungsservice	Fr. 645.60
Heizölvorsorge (Pflichtlager/durch Bund kontrolliert)	Fr. 134.60
Garagenpauschalen	-Fr. 180.00
Gesamt-Total	Fr. 7'053.95

② Heizkosten- und Warmwasserkosten-Abrechnung

Kunden-Nr. / Liegenschafts-Nr.

ABRECHNUNG FUER DIE GESAMTE LIEGENSCHAFT
ZU HANDEN DER LIEGENSCHAFTENVERWALTUNG

Nutzer-Nr.

Abrechnungszeitraum   1.07.93 - 30.06.94

Ihr Nutzungszeitraum

Abrechnung erstellt am   27.09.94

Kostenaufstellung

Brennstoffkosten	Menge	Betrag Fr.	Weitere Betriebskosten der Heizungsanlage	Datum	Betrag Fr.
Anfangsbestand	7500 Ltr	2.260,00	Übertrag Brennstoffkosten		4.025,50
Bezuge:			Verbrauchsabrechnung		435,60
20.01.94	8960 Ltr	2.653,80	Betriebsstrom		365,00
abzugl.Endbestand	3000-Ltr	888,30-	Kaminfeger		211,50
Brennstoffkosten	13460 Ltr	4.025,50	Verwalt. Heizanlage	3%	199,35
			Hauswart		360,00
			Pauschal Garagen		180,00
			Heizoelvors./Abo War		329,60
			Boilerrev/Oelbrenner		1.097,40
			Summe Betriebskosten		6.843,95

Aufteilung der Betriebskosten

Aufteilung der Betriebskosten von   6.843,95 Fr.

Heizung: 6.843,95 Fr. davon   40 % Grundkosten   =   2.737,58 Fr.
                               60 % Verbrauchskosten =   4.106,37 Fr.

Ihre Abrechnung

	Betrag Fr.	Gesamteinheiten	Betrag je Einheit	Ihre Einheiten	Zeitfaktor	Ihre Kosten Fr
Heizung:						
Grundkosten	2.737,58 :	99,90 Anteile	= 27,403203			
Verbrauchskosten	4.106,37 :	1.858,30 Stricheinheiten	= 2.209745			

Quelle: ESPAR Energie-Spar AG, St.Gallen

Heizkosten- und Warmwasserkosten-Abrechnung

③

Hausverwaltung

Liegenschaft

Abrechnungszeitraum
1.07.93 - 30.06.94   5-600133 0

Abrechnung erstellt am
27.09.94

Konten Nr. /
Liegenschafts Nr.

Seite 1

Kosten der Liegenschaft	Betrag Fr	Gesamtbetrag	Vorauszahlung	G = Guthaben N = Nachzahlung
Grundkosten Heizung	2737.58			
Verbrauchskosten Heizung	4106.37			
Sonderkosten	210.00			
Gesamtbetrag Heizkosten	7053.95	7053.95	7620.00	918.40 G 352.35 N

Quelle: ESPAR Energie-Spar AG, St.Gallen

Heizkosten- und Warmwasserkosten-Gesamtabrechnung

Liegenschaft

Abrechnungszeitraum
1.07.93 - 30.06.94
Abrechnung erstellt am
27.09.94

Kunden-Nr. 7
Liegenschafts-Nr.
Seite 2

④

Mieter Nr.	Mieter-name	Kostenart	Betrag je Einheit	x	Einheiten	x	Zeitfaktor	·	Kosten	Gesamtbetrag	Vorauszahlung	G · Guthaben N · Nachzahlung	intern
1.0	MIETER 1	Grundkosten Heizung Verbr.Kosten Heizung	27,403203 2,209745	x x	9,40 Ant. 149,80 Str			= =	257,59 331,02				6262
		Gesamtbetrag Heizkosten							588,61	588,60	732,00	143,40 G	6370
2.0	MIETER 2	Grundkosten Heizung Verbr.Kosten Heizung	27,403203 2,209745	x x	7,25 Ant. 119,10 Str			= =	198,67 263,18				
		Gesamtbetrag Heizkosten							461,85	461,85	540,00	78,15 G	8540
3.0	MIETER 3	Grundkosten Heizung Verbr.Kosten Heizung	27,403203 2,209745	x x	9,40 Ant. 246,70 Str			= =	257,59 545,14				
		Gesamtbetrag Heizkosten							802,73	802,75	732,00	70,75 N	3752
4.0	MIETER 4	Grundkosten Heizung Verbr.Kosten Heizung Nachablesung	27,403203 2,209745	x x	7,25 Ant. 33,20 Str			= = =	198,68 73,37 70,00				
		Gesamtbetrag Heizkosten							342,05	342,05	540,00	197,95 G	6438
5.0	MIETER 5	Grundkosten Heizung Verbr.Kosten Heizung	27,403203 2,209745	x x	9,40 Ant. 157,30 Str			= =	257,59 347,59				
		Gesamtbetrag Heizkosten							605,18	605,20	672,00	66,80 G	6925
6.0	MIETER 6	Grundkosten Heizung Verbr.Kosten Heizung	27,403203 2,209745	x x	7,25 Ant. 137,30 Str			= =	198,67 303,40				
		Gesamtbetrag Heizkosten							502,07	502,05	540,00	37,95 G	7130
7.0	MIETER 7	Grundkosten Heizung Verbr.Kosten Heizung	27,403203 2,209745	x x	7,25 Ant. 144,00 Str			= =	198,67 318,20				
		Gesamtbetrag Heizkosten							516,87	516,85	600,00	83,15 G	

Anhang B 155

Nutzer-Nr.	Nutzername	Kostenart	Betrag je Einheit	x	Einheiten	x	Zeitfaktor	.	Kosten	Gesamtbetrag	Vorauszahlung	G = Guthaben N = Nachzahlung	Kunden-Nr. / Liegenschafts Nr.
8.0	MIETER 8	Grundkosten Heizung Verbr.Kosten Heizung	27.403203 2.209745	x x	9.40 Ant. 254.60 Str				257.59 562.60				8725
		Gesamtbetrag Heizkosten							820.19	820.20	672.00	148.20 N	
9.0	MIETER 9	Grundkosten Heizung Verbr.Kosten Heizung	27.403203 2.209745	x x	7.25 Ant. 49.20 Str				198.68 108.72				4240
		Gesamtbetrag Heizkosten							307.40	307.40	600.00	292.60 G	
10.0	MIETER 10	Grundkosten Heizung Verbr.Kosten Heizung	27.403203 2.209745	x x	9.40 Ant. 198.80 Str				257.59 439.30				7414
		Gesamtbetrag Heizkosten							696.89	696.90	672.00	24.90 N	
11.0	MIETER 11	Grundkosten Heizung Verbr.Kosten Heizung	27.403203 2.209745	x x	7.25 Ant. 173.30 Str				198.67 382.95				8022
		Gesamtbetrag Heizkosten							581.62	581.60	600.00	18.40 G	
12.0	MIETER 12	Grundkosten Heizung Verbr.Kosten Heizung 2 x Nachablesung	27.403203 2.209745	x x	9.40 Ant. 195.00 Str				257.59 430.90 140.00				7324
		Gesamtbetrag Heizkosten							828.49	828.50	720.00	108.50 N	
	Summe Liegenschaft									7053.95	7620.00	918.40 G 352.35 N	6851 0 R

Heizung Einheiten: qm=Quadratmeter, Ant=Anteile, cbm=Kubikmeter, Zepf=Zapfstellen-Werte, Str=Stichenheiten,
Verv=Verbrauchswerte, MWh=Megawattstunden, Pers=Personen, Wohn=Anzahl Wohnungen, PeWo=Personen Werte

Quelle: ESPAR Energie-Spar AG, St.Gallen

⑤ Heizkosten- und Warmwasserkosten-Gesamtabrechnung

ABRECHNUNG AN DEN EINZELNEN MIETER
IM AUFTRAG DER LIEGENSCHAFTENVERWALTUNG
Abrechnungszeitraum 1.07.93 - 30.06.94

Ihr Nutzungszeitraum 1.07.93 - 30.06.94

Herrn/Frau/Firma

E. Müller
Waldbrunnenstr. 98
8500 FRAUENFELD

Abrechnung erstellt am 27.09.94

Kostenaufstellung

Brennstoffkosten	Menge Öl	Betrag Fr.	Weitere Betriebskosten der Heizungsanlage	Datum	Betrag Fr
Anfangsbestand	7500 Ltr	2.260,00	Übertrag Brennstoffkosten		4.025,50
Bezüge:			Verbrauchsabrechnung		435,60
20.01.94	8960 Ltr	2.653,80	Betriebsstrom		365,00
abzügl.Endbestand	3000-Ltr	888,30-	Kaminfeger		211,50
Brennstoffkosten	13460 Ltr	4.025,50	Verwalt. Heizanlage	3%	199,35
			Hauswart		360,00
			Pauschal Garagen		180,00
			Heizoelvors./Abo War		329,60
			Boilerrev/Oelbrenner		1.097,40
			Summe Betriebskosten		6.843,95

Aufteilung der Betriebskosten

Aufteilung der Betriebskosten von 6.843,95 Fr.

Heizung: 6.843,95 Fr. davon 40 % Grundkosten = 2.737,58 Fr.
                               60 % Verbrauchskosten = 4.106,37 Fr.

Ihre Abrechnung

	Betrag Fr.	Gesamteinheiten	Betrag je Einheit	Ihre Einheiten	Zeitfaktor	Ihre Kosten Fr.
Heizung:						
Grundkosten	2.737,58 :	99,90 Anteile	= 27,403203 x	9,40	=	257,60
Verbrauchskosten	4.106,37 :	1.858,30 Stricheinheiten	= 2,209745 x	195,00	=	430,40
2 x Nachablesung						140,00
				Ihre Gesamtkosten		828,00
				Ihre Vorauszahlung		720,00
				Ihre Nachzahlung		108,00

Quelle: ESPAR Energie-Spar AG, St.Gallen

Geschäftsstellen
des Hauseigentümerverbandes Schweiz

Kanton	Telefon	Anschrift
AG	056/200 50 50	Hauseigentümerverband Aargau Stadtturmstrasse 19, 5401 Baden
AI	071/222 33 27	Hauseigentümerverband Appenzell I.Rh. Güetlistrasse 28, 9050 Appenzell
AR	071/351 71 54	Hauseigentümerverband Appenzell A.Rh. c/o Bösch & Edthofer AG Postfach 197, 9101 Herisau
BE	031/381 60 08	Hauseigentümerverband Bern Schwarztorstrasse 31, 3007 Bern
BL	061/927 64 64	Hauseigentümerverband Baselland Haus der Wirtschaft Altmarktstrasse 96, 4410 Liestal
BS	061/269 16 16	Hausbesitzer-Verein Basel Aeschenvorstadt 71, 4010 Basel
FR	026/347 11 40	Fédération Fribourgeoise Immobilière Boulevard de Pérolles 17, 1701 Fribourg
GL	055/645 20 85	Hauseigentümerverband Glarnerland c/o Stauffacher Treuhand Hauptstrasse 49, Postfach 736, 8750 Glarus
GR	081/250 50 30	Hauseigentümerverband Graubünden c/o NPO-Beratung, Untere Gasse 17, 7000 Chur
LU	041/210 24 04	Hauseigentümerverband Luzern Pilatusstrasse 18, Postfach 3157, 6002 Luzern
NW	041/619 77 46	Hauseigentümerverband Nidwalden c/o Ruess Treuhand und Informatik AG Aemättlihof 105, 6370 Stans
OW	041/660 00 88	Hauseigentümerverband Obwalden Bahnhofstrasse 1, 6072 Sachseln
SG	071/227 42 42	Hauseigentümerverband St. Gallen Poststrasse 10, 9001 St. Gallen
SH	052/625 55 58	Hauseigentümerverband Schaffhausen Vordergasse 21, 8201 Schaffhausen

SO	032/625 82 11	Hauseigentümerverband Solothurn Zentralhof/Bielstrasse 9 Postfach, 4502 Solothurn
SZ	041/811 56 77	Hauseigentümerverband Schwyz Hirzengasse 5, Postfach 557, 6431 Schwyz
TG	071/411 42 11	Kantonaler Hauseigentümerverband Thurgau Kirchstrasse 24a, Postfach 1332, 8580 Amriswil
UR	041/870 08 58	Hauseigentümerverband Uri Grossmattweg 28, Postfach, 6460 Altdorf
VS	027/922 11 99	Hauseigentümerverband Oberwallis c/o Imhasly & Planche Treuhand AG Postfach 363, 3900 Brig
ZG	041/710 65 20	Hauseigentümerverband Zug Alpenstrasse 11, 6304 Zug
ZH	01/487 17 00	Hauseigentümerverband Zürich Albisstrasse 28, Postfach, 8038 Zürich
ZH	052/212 67 70	Hauseigentümerverband Winterthur Neuwiesenstrasse 37, Postfach, 8401 Winterthur
CH	01/254 90 20	Hauseigentümerverband Schweiz Mühlebachstrasse 70, Postfach, 8032 Zürich

Stichwortregister

(Die *kursiven Zahlen* verweisen auf die Kapitel des 2. Teils des Buches.)

A

Abholfrist, postalische 10.1; *6*
Abrechnung 5.2, 5.3, 7, 8, 12; *4, 9.7, 12, 15*
Abrechnungsbeispiele *14*
Akontozahlung 10.2.1.3, 10.4; *4, 7, 9.12, 12.1, 14.2.1*
– Festsetzung der Höhe der Akontozahlungen 5.2
– Richtwerte für Heiz- und Warmwasser-Akontozahlungen 7; *13.4*
– unangemessen hohe Akontozahlungen 5.2
Allgemeinstrom 3.1.7
Alternativenergien *9.3, 14.1.1*
Alters- und Pflegeheim *2.1, 2.2*
Änderung des Verteilschlüssels *13.2*
Arbeitsvertrag 3.1.1.2
Arzt- und Zahnarztpraxen *2.2, 13.4*
Aufwendungen, nebenkostenfähige 3.1; *9*
Aufwendungen, nicht nebenkostenfähige 3.2; *11*
Aussentemperatur *2.1*

B

Badezimmer *2.1*
Bauaustrocknung 10.3
Beheizung leer stehender Räume 10.4
Belege
– Aufbewahrung 7
– Einsichtsrecht 5.3, 7
Betriebskosten 2, 3.1, 3.2.3
Betriebskostenabrechnung, Neueinführung und Begründung 10.3
Betriebs- und Urheberrechtsgebühren 10.2.1.1, 10.2.1.3
Betriebsunfallversicherung 3.1.1.1
Brennerservice 9.6.2
Brennstoffe 5.5; *9.1*
Brennstoffverbrauch *2.3, 13.4, 17.1*
Brennstoffvorrat *9.11*

C

Coiffeursalon *6.4*

D

detaillierte Abrechnung *12.2*
Dienstwohnung 3.1.1.2
Durchschnittsraumtemperatur *2.1*

E
Einfamilienhaus 3.1.3, 5.5, 10.2.1.1
einseitige Vertragsänderung 10.2, 10.2.1.3; *13.2*
Einsichtsrecht des Mieters 7
Einzelzimmer 5.4
Einzimmerwohnung *12.2*
Elektrizität zum Betrieb von Brennern und Pumpen 9.2
Energieberatungsstelle *16.4.3*, Anhang A
Erneuerungen durch den Mieter *17.3*
Ersatzanschaffungen 2, 3.1.3; *9.13*

F
Fachfirma *16.4.4, 16.4.7*
Ferienwohnungen 6.4.9; *13.4*
Feuchtigkeitsschäden *2.1, 16.6*
fixe Kosten 8, *13.2, 16.1.1, 16.4.8*
Formular, kantonal genehmigtes 10.1, 10.2.1.3; 6, *17.7*
Formularmietverträge 3.2.2, 4.1, 4.3; *12.5*

G
Garagen und Abstellplätze, Heizkosten *13.7*
Garten 3.1.3.1
Gartenpflege 3.1.3, 3.1.3.1
Gasfeuerungen, Kontrolle der 9.5
Gebäudeversicherungsprämien 2, 3.2.3
Gebrauchstauglichkeit, mangelnde *2.2, 2.3*
gemischte Mietverhältnisse 6.4
Grobanalyse *16.4.3*
Grüngut 3.1.2

H
Hauswartungskosten 3.1.1
Hauswartsentschädigung 3.1.1.1
Heizen als Vermieterpflicht 2
Heizgradtage *13.3*
Heiz- und Warmwasserkosten
– anrechenbare 9
– nicht anrechenbare 11
Heizkostenabrechnung, verbrauchsabhängige 5.1,12; *2.1, 9.6.4, 13.1, 14.1.2, 16.4.8, 16.5, 16.6*
Heizkostenverteiler *16.4.6, 16.4.6.2*
Heizölpreis 7, *9.1*
Heizperiode 8; *2.1, 4, 9.1, 9.12, 12.5, 13.3, 13.5*
Heizungsanlage, neue 17
Heizungsmodernisierung *17.3*

Stichwortregister

I
Information der Mieter 17.4
Instandhaltungspflicht des Vermieters 3.2.1
Investition, wertvermehrende 3.2.1, 10.2; 9.7, 11, 17.1, 17.7

J
Jahresservice 16.4.4

K
Kabelfernsehen 10.2, 10.2.1
Kabelanschlusskosten 10.2.1.2
Kaltwasser 5
Kaminfeger 10.4; 8, 9.4, 16.1.1, 16.4.8
Kehrichtabfuhrgebühren 3.1.2
«kleiner» Unterhalt 3.2.2
Komfortsteigerung für den Mieter 3.2.1, 10.2.1.2; 17.1
Kontrolle der Gasfeuerungen 9.5
Kontrollmessungen der Raumtemperatur 2.1
Kostenaufteilung 6
Kosten, neutrale 6.2
Kosten, verbrauchsabhängige 6.3
Kostenmiete 2
Kostensteigerungen, allgemeine 10.3
Kostensteigerungspauschale 10.3
Kostenvoranschläge 9.6.1, 17.7
Kündigung wegen Zahlungsverzugs 9; 12.5, 15
Kündigungsfrist 10.1, 10.2.1.2; 17.7
Kündigungstermin 3.1.2, 10.1, 10.2, 10.2.1.2; 17.7

L
Lageausgleich 16.4.5.1
leer stehende Wohn- und Geschäftsräume 6.5; 10.4, 13.6
Lift 3.1.6, 6.2, 12
Liftbetrieb 3.1.6
Lohnfortzahlungspflicht 3.1.1.1
Luftreinhalteverordnung 9.5, 17.2

M
Mahnung 5.2; 15
Mehrwertsteuer 10.4
Mietzins
– Definition 1
– Erhöhung 3.2.1, 10.1, 10.2.1.2, 10.4; 16.4.1
– Herabsetzung wegen Mängeln am Mietobjekt 2.2
Mietzinserhöhungsverfahren 3.1.2, 10.1; 6, 11, 17.7

Mitteilungsfristen 10.1, 6
Münzeinwurf 3.1.7, 4.2

N
Nebenkosten
– Abrechnung 4.3, 5.2, 5.4, 7, 8, 9, 12
– Akontozahlungen 5.2, 5.6, 9, 10.2.1.3, 10.4
– Ausscheidung 1, 2, 4
– bei der Nutzniessung 13
– Definition 2
– Direktbezahlung 5.5
– im Stockwerkeigentum 12
– im Wohnrecht 14
– konkludent vereinbarte Nebenkosten 4.2
– Nebenkostenarten 3
– Pauschalzahlungen/Pauschalierung 5.1, 5.3, 7, 9, 11; 6, *9.8, 9.12, 12*
– starke preisliche Schwankungen 5.6
Nebenkostenabrechnung
– Bestreitung durch den Mieter 9
– Zeitpunkt der Abrechnung 8
Nebenkostenregelung, Änderung der 10
Nebenkostenvereinbarungen, ungültige 4.1
Nebenpflichten, mangelhafte Erfüllung der 3.1.8
Nichtbetriebsunfallversicherung 3.1.1.1

O
Objektsteuern 2, 3.2.3, 13, 14
öffentliche Abgaben und Lasten 3.2.3
Ölfeuerungskontrolle 9.5
Ortsgebrauch/ortsgebräuchlich 3.2.2, 5.1; *9.10*

P
Pauschalzahlungen/Pauschalierung 5.1, 5.3, 7, 9, 11; 6, *9.8, 9.12, 12*
Personenzahl als Verteilschlüssel 6.3; *13.2*
Plombierung 10.2.1.2; *13.6*
postalische Abholfrist 10.1; 6

R
Rabatte *10.1*
Rachekündigung 9
Radio- und Fernsehgesetz 10.2.1.2
Rappenspalterei 6.1
Reglement 12; *13.2*
Reinigung 3.1.1.1, 3.2.2, 14
Reinigungsgeräte 3.1.1
Reinigungsmittel 3.1.1